真我

ラマナ・マハルシ

The Self

Sri Ramana Maharshi

編・訳　福間 巖

ナチュラルスピリット

The Self
Sri Ramana Maharshi

Published by Natural Spirit Co. Ltd.

真我

ラマナ・マハルシ

目次

まえがき……10

第一章　真我……13

真我とは……13
真我は常に実現されている……16
真我だけが「在る」……18
実在は「存在―意識」……19
沈黙……22
真我を「知ること」は真我として「在ること」……23
「私」という想念と純粋な「私」……25
「私は在る」と「私は『私は在る』である」……26
「私―私」……30

自我と真我 32
真我の知識と無知 38
観照する意識 39
世界と真我 41
トゥリーヤ 46
世界は非実在、世界はブラフマン 49
幸福は真我から起こる 52
ハート 54
恩寵 56
「私は身体だ」という観念 58
無欲 59

第二章 真我探究

第二章 真我探究 60
一 真我探究の前段階 60

無欲と無執着 60
知性の消滅 61
神と恩寵 63
内向的な心 63
プラーナーヤーマ 64
「私はブラフマンである」の真意 64
これではない、これではない 65
識別 66
放棄 67
規則、規律、訓練 67
善の質を培う 68
聖典を読む 68
真理を聞くこと、真理に黙想すること 69
活動する義務を果たす 70
自我なしに修練はできない 70

二　真我探究・実践　72
「私は誰か？」　72
「私」という想念と呼吸の源　77
心の源を探しなさい　78
「見る者」を見なさい　79
主体を見いだしなさい　82
純粋な気づきの中にとどまりなさい　83
眠りから目覚めへの移行時の「私」　84
対象物との同一化　86
二つの想念の合間　86
客観的な世界は主観的意識の中にある　87
世界の消滅　87
真我実現への進歩の度合い　88
想念　88
心の破壊　90

自ら輝く真我に目を向ける 91
「私、私、私」 92
疑いから自由になりなさい 92
「彼方なるもの」にすべてをまかせる 93
心を真我の中に固定させる 93
ただ実在だけを想い続ける 95
強烈な確信 95
無限の意識空間 95
瞑想と真我探究 96
サマーディ 98

三 真我実現の障害 99
ヴァーサナー 99
ヴァーサナーを根絶する方法 104

第三章　明け渡し　110

真我探究と明け渡しは一つ　110
完全な明け渡し　111
神の御心にしたがう　113
真我に明け渡す　115
真我と愛　116
「私」と「私のもの」という想念を放棄する　117
「私が行為者だ」という観念　117
静かに在りなさい　120

第四章　真我として在る　121

真我として在ること　121
「あるがまま」に在りなさい　123
すべての中に真我を見なさい　123

真我は活動性の源 125
誕生も死も存在しない 126
心の目を閉じなさい 127
心が消え去ると世界も消え去る 128
世界は自我による創造 129
心を静めなさい 130

第五章 真我実現 131

真我実現とは 131
真我は不滅 132
真我実現などない 133
真我実現は至福 134
実現は永遠の境地 135
他者は存在しない 136

真我実現した人　136
真我として在りなさい　138
特別収録
私は誰か？　139
用語解説　156
あとがき　158

本文中の※は巻末の「用語解説」を参照のこと

まえがき

二十世紀の偉大な賢者、バガヴァーン・シュリー・ラマナ・マハルシ。
十六歳の少年が実現した霊的真理は、
数千年前に『ウパニシャッド』の聖賢たちが生きた教えと何ら変わらない。
彼らは皆、口を揃えて宣言している。

――真理を言葉で表すことはできない。

バガヴァーンはその真理を、彼の「沈黙の臨在」を通して分かち合った。
あるいは、沈黙そのものが真理なのである。

だが、彼の臨在が放つ愛、平和、静寂、恩寵に惹き寄せられた真摯な探究者たちには、
沈黙の言語を理解しえなかったため、
彼はやむなく口を開いて、彼らの質問にその沈黙から湧き起こる言葉で答えたのだった。

数十年間に渡って、多種多様な無数の質問に答えてきた彼の言葉の中から、
このたび、教えの核心中の核心とも呼べるものだけを厳選した。
それが本書『真我』である。

バガヴァーンの恩寵に導かれ、
彼の教えの精髄に触れ、
「それ」に目覚める定めにある読者諸氏に本書を捧ぐ――

福間　巖

第一章　真我

真我とは

真我はすべてを超越した純粋意識です。

真我は途切れることのない永遠の気づきです。これが真理です。探究の目的は、真我の本性が気づきであることを見いだすことにあるのです。

真我は二元性のない純粋な知識、純粋な光です。二元性は無知を暗示しています。真我の知識は相対的な知識と無知を超えた知識であり、真我の光は通常の光と闇を超えた光です。ただ真我だけが存在するのです。

真我と愛は異なるものではありません。対象に向かう愛は低次の愛であり、持続しません。一方、真我は愛そのものです。言葉を変えるなら、「神は愛なり」です。

真理はただ一つ。それが真我です。それ以外のすべても真我であり、真我によって真我の中に現れる単なる現れでしかありません。見る者、見られる対象、視野もすべて真我なのです。

真我は永遠に存在しています。誰もが真我を知りたいと望んでいます。自分自身を知るために、いったいどんな助けが必要だと言うのでしょう？　人々は真我を何か新しいものとして見たいと願っています。しかし、真我は永遠不変に存在し続けるのです。彼らは真我を輝く光か何かのようなものとして見ることを望んでいます。どうしてそうありえるでしょう？　真我は光ではなく、暗闇でもありません。それはただ「あるがまま」に在るのです。それを定義することはできません。最もふさわしい定義は、「私は『私は在る』である」（I am that I am）です。

一瞬でさえ真我を体験しない人はいません。なぜなら、自分が真我から離れて存在することを認める人など一人もいないからです。彼は真我であり、真我はハートです。真我を実現すれば、制御しなければならないような心《マインド》*はなくなります。心が消え去るとともに、真我は輝き出します。真我を実現した人の心が活動的であろうとなかろうと、彼にとっては真我だけが存在します。なぜなら、心と身体と世界は、真我から分離したものではないからです。それらは真我から立ち現れ、真我の中に沈みゆき、真我から離れることはありません。それらが真我とは別に存在できるでしょうか？　ただ真我だけに気づいていなさい。

心が静まれば世界全体が静まります。心がすべての原因です。それが静まれば本来の自然な状態はひとりでに現れるでしょう。真我はそれ自身を常に「私─私」として表しています。それは自ら輝きを放っています。それは「ここ」に在り、すべてが「それ」なのです。私たちはただその中だけに存在しています。その中に存在していながら、なぜ真我を探しまわるのでしょうか？

純粋な真我に関係するものは何もありません。真我は何とも関わりを持たない純粋な実在《リアリティ》です。身体や自我は、その真我の光を受けて輝いています。すべての想念を静めなさい。そうすれば、純粋意識だけが残るのです。

＊心：「心」は mind の訳語。「ハート」とは異なり「思考、思い」を意味する。

真我は努力を要せず、絶え間なく気づいている静寂の境地です。努力を要せずに気づき続けている状態、それが至福であり、実現です。

気づきが「私」です。それを悟りなさい。それが真理です。

真我は常に実現されている

真我は達せられるべきどこか遠い場所にあるのではありません。あなたは常に「それ」なのです。ただ真我ではないものとの自己同一化という長年の習慣を放棄しなければならないだけです。すべての努力はただそのためにあります。心を外側に向けることで、あなたは非真我である世界を見続けてきました。もし心を内側に向けるなら、あなたは真我を見るでしょう。

真我に達するというようなことはありません。もし真我が達せられるようなものなら、それは「今ここ」には存在せず、新たに獲得されるものということです。新たに獲得されたものは、やがて失われてしまいます。それはつまり、儚い一時的なものだということです。「永遠なるもの」でないのなら、努力して得るだけの価値もありません。それゆえ、私は「真我に達するということはない」と言うのです。

ある女性が首にかけたままのネックレスを失ったと思い込み、探しまわっていました。そして、友人からそれが自分の首にかかっていることを教えられたのです。ネックレスを失ったという感覚、探している間の不安、発見したときの喜びは、すべて彼女が自分で作り出したものです。同じように、あなたが探究しようとしまいと、真我は常にそこに在ります。その女性が失ったネックレスを取り戻したと感じたように、無知を取り除き、身体や心との偽りの自己同一化をやめることが、「今ここ」に存在する真我を明らかにするのです。これが真我実現と呼ばれるものです。何も新しいことではありません。それは結局、無知を取り除くことに他ならないのです。

あなたは真我です。あなたはすでに「それ」なのです。事実は、あなたが至福に満ちた自分の状態に無知であり、その無知が純粋な至福の上に覆いを被せてしまったのです。私たちが試みるべきことは、この無知を取り除くことだけです。この無知は誤った知識によって起こります。誤った知識は真我を身体や心と同一視することで成り立っています。この偽りの自己同一化が取り除かれなければなりません。そうすれば、そこには真我だけが残るのです。

あなたは常に「それ」であり、「それ」から離れたことなど一度もなかったのです。真我として在ることほどシンプルなことはありません。それは努力も助けも必要としません。人は誤った自己同一化を棄て去って、永遠の、自然な、本来の状態にとどまらねばならないのです。

あなたが存在しなければ、質問することさえできません。それゆえ、あなたは自分の存在を認めるはずです。その「存在」が真我です。それはすでに実現されています。それゆえ、実現のためにする努力は「真我を実現していない」という現在の誤った思い込みに気づくことにあるのです。「私は真我を実現していない」という観念を棄て去りなさい。私たちは常に真我なのです。新たな実現というものはありません。ただ真我が明らかにされるだけです。

真我は常に実現されています。そして、すでに実現されているものを探す必要はありません。なぜなら、自分自身の存在を否定することはできないからです。その存在が意識であり、真我です。

真我だけが「在る」

真我よりも親しいものはありません。それは全真理を包括しています。しかし、これでさえ間接的です。真実は、真我以外は何も存在しないのです。世界は心の投影でしかありません。心は真我から現れます。それゆえ、真我は「唯一の存在」なのです。

非実在などというものは存在せず、存在するのはただ真我だけです。もしも世界とすべてがそれを土台にして存在している自我を遡ってみるなら、自我などというものはまったく存在していないこと、そしてこの世界全体も存在しないことを知るでしょう。

実在は「存在―意識」

実在は常に真実でなければなりません。無名無形でありながら、名前と形の根底に在るもの、それが実在です。限定されたものの根底にありながら、それ自体は無限で束縛されません。実在ではないものの根底にありながら、それ自体は実在として在ります。「存在するもの」、それが実在です。それはただ「あるがまま」に在り、言葉による表現を超えています。それは「存在、非存在」などといった表現の彼方に在るのです。

「存在―意識」だけが唯一の実在です。常に存在する唯一の実在である真我を見いだせば、「すべては真我に他ならない」という知識だけを残して、実在でないものはすべて消え去ります。真我は「今ここ」に存在しています。「それ」は唯一の実在であり、それ以外は何も存在しないのです。

意識とは常に真の自己意識を意味しています。もしあなたが何かを意識しているなら、それは本質的にあなた自身を意識しているのです。自己のない意識の存在など言葉の矛盾でしかなく、存在などではまったくありません。それは単なる属性的な存在です。

真の存在は属性ではなく本質そのものであり、それが実在です。それゆえ、実在は「存在―意識」として知られ、けっして単に一方を除いたものではありません。世界はそれ自身では存在せず、またそれ自身の存在を意識してもいません。だとすれば、どうしてそのような世界を実在と呼べるでしょう？

さらに、世界の本性とは何でしょうか？　それは尽きることのない変化であり、絶え間なく、果てしない流転です。依存し、自己意識がなく、永遠に変化し続ける世界は、実在ではありえないのです。

自己の中に没入することで真我を知るに至った賢者にとって、真我以外に知られるべきものは何一つ存在しません。それはなぜでしょうか？「私」としての身体と自己同一化する自我が死に絶えたからです。彼は無形の「存在―意識」なのです。

ただ一つの状態だけが存在します。それが「意識、気づき、存在」の状態です。目覚め、夢見、深い眠りの三つの状態は実在ではありえません。それらは単に来ては去って行くものです。実在は常に存在し続けます。三つの状態すべての中に存在し続ける「私」あるいは「存在」だけが実在であり、三つの状態は実在ではありません。それゆえ、「それらにはいくらかの実在性の段階がある」と言うことさえできないのです。ただ、このように言うことはできるでしょう。「存在あるいは意識だけが唯一の実在である」と。

究極の真理はとてもシンプルです。それは純真無垢な状態の中に「在る」ことです。これが語られるべきすべてです。

実在として在りながら、私たちは実在を獲得しようと探究しています。これ以上の不思議はないでしょう。私たちは実在を隠している何かがそこにあり、実在が獲得される前にそれが破壊されなければならないと思っているのです。それはばかげています。あなた自身があなたの過去の努力を笑う日がやって来るでしょう。あなたが笑うだろうその日もまた、今、この瞬間なのです。

沈黙

沈黙こそが真の境地です。「私」という想念の源にたどり着いたとき、その想念は消え去ります。そのあとに残るもの、それが真我です。これが沈黙による教えの真意です。

沈黙は絶えず語っています。沈黙は話すことによって妨げられてきた絶え間ない言葉の流れなのです。何の執着もなく、ただ真我の中だけにとどまった純粋な存在状態、それが沈黙です。その沈黙として、永遠に、「あるがまま」に在ること、それが真理です。

ハートの中で絶えず輝き続ける意識こそが無形の真我です。「真我とは存在だ、いや非存在だ」などと考えることなく、ただ「静かに在ること」によって知られるもの、ただそれだけが完全な実在であることを知りなさい。

あなたの務めは「ただ在る」ことであり、「あれやこれとして在る」ことではありません。「私は『私は在る』である」(I am that I am)という言葉がすべての真理の要諦です。その方法は、「静かに在ること」に尽きます。

真我を「知ること」は真我として「在ること」

真我を「知ること」は真我として「在ること」です。あなたは真我を知らないと言えるでしょうか？　鏡がなければ目を直接見ることはできません。しかし、だからといって目が存在することを否定するでしょうか？　同じように、真我は対象化されなくとも、あなたは真我に気づいているのです。それとも、対象化されていないことを理由に真我の存在を否定するでしょうか？　あなたが「真我を知ることができない」と言うとき、それは相対的知識の点から見た不在を意味しています。なぜなら、相対的知識に慣れすぎたため自分自身をそれと同一視するからです。真我を対象化することはできません。そのため、そのような偽りの同一視が、明白な真我を知ることを困難にしてしまいます。そうしておいてから、「どのようにして真我を知るのか？」とあなたは尋ねるのです。

真我は「あるがまま」に在ります。それは常に直接体験であり、そこに「知る者」と「知られるもの」という二つの真我があるわけではありません。真我を「知ること」は真我として「在ること」だからです。それは何か別のものを意識している状態ではありません。それは意識そのものなのです。

最初に、あなたは真我を対象として見ます。それから真我を虚空として見ます。そして、最後に真我を真我として見るのです。最後の段階に至ったときだけ、「見る」ということはなくなります。なぜなら、「見ること」は「在ること」だからです。そこには到達されるべき目的地も、達成されるべきものもありません。あなたは真我です。あなたは常に存在しています。「それは存在する」ということ以上に真我を断定できるものは何もありません。真我を「見ること」は真我として「在ること」に他ならないのです。

あなたはすでに真我として在りながら、どうやって真我に到達するかを知りたがっています。それは、ある人がラマナ・アーシュラムにいながら、いくつラマナ・アーシュラムへの道があり、どれが最善の道かと尋ねているようなものです。あなたに必要なのは、「私はこの身体だ」という想念と、外界の物事つまり非真我に関するすべての想念を棄て去ることだけです。

あなたが真の「私」を体験した瞬間、知る者、知識、知られるものは存在しなくなります。目覚めの状態の中で起こっていることは何であれ、知る者だけに起こるのです。そして、その知る者自身が非実在であるため、実際は、今まで何も起こってはいなかったし、今も何も起こってはいません。そしてこれからも、何も起こることはないのです。

「私」という想念と純粋な「私」

「私」という想念と純粋な「私」を区別しなさい。前者は単なる想念であるため、主体と客体を知覚し、眠り、目覚め、食べ、考え、死に、そして生まれ変わります。しかし、純粋な「私」は純粋な存在、永遠の実在であり、無知や想念の幻想から自由です。「私」という想念は自我を、純粋な「私」は真我を意味しているのです。

もしあなたが、ただあなたの純粋な存在である「私」として無心のままとどまれば、「私」という想念は消え去り、無知は完全に消滅するでしょう。映画の中で映像を見ることができるのは、薄明かりの中か暗闇の中だけです。しかし、すべての照明が灯ったとき、映像は消え去ります。同じように、至高の真我のあふれる光の中で、すべての対象物（見られるもの）は消え去るのです。

「私」という想念が現れたあとで、身体、感覚、心などと「私」との偽りの自己同一化が起こります。「私」という想念が誤ってそれらと結びついたため、真の「私」は見失われてしまったのです。真の「私」つまり真我は、無限の「私―私」です。その「私」は完全です。それは永遠なるもの、始まりも終わりもないものであり、もう一方の「私」は生まれ、そして死んでいく、儚い一時的なものです。変化する想念が誰にとって現れるのかを見いだしなさい。それらは「私」という想念が現れたあとに現れることがわかるでしょう。その「私」という想念をとらえなさい。そうすれば、それは静まります。「私」という想念の源をたどりなさい。そうすれば、真我のみが残るのです。

「私は在る」と「私は『私は在る』である」

ヴィジョンはそれを見る者の存在を暗示しています。そして、見る者は真我の存在を否定できません。意識である真我が存在しない瞬間などありえず、見る者が意識を離れることもありえないからです。この意識こそが永遠の「一なる存在」です。

見る者は自分自身を見ることができません。しかし、ヴィジョンを目で見たように、自分を目で見ることができないからといって、自分自身の存在を否定するでしょうか？　いいえ。それゆえ、直接体験とは「見ること」ではなく「在ること」を意味するのです。「在ること」とは真我を実現することです。だからこそ、「私は『私は在る』である」（I am that I am）と言われるのです。

実在だけが永久的なものであり、それが真我です。あなたは「私は在る：I am」、「私は行く：I am going」、「私は話す：I am speaking」、「私は働く：I am working」などと言います。それらすべての中にある「私は在る：I am」にハイフンをつけてみなさい。そうすれば「私―在る：I―AM」となります。それが永久的かつ根源的な実在です。この真理は神によって「私は『私は在る』である：I am that I am」という言葉でモーゼに説かれました。聖書には「静かに在りなさい。そして私は神だと知りなさい：Be Still. And know that I am God」ともあります。それゆえ、「私―在る」は神なのです。

誰もが真我を知っています。しかし、明確には知られていません。あなたは常に存在しています。その「在ること」が真我なのです。「私は在る」（I AM）が神の名前です。神を定義した言葉の中で、『旧約聖書』の出エジプト記第三章十四節にある「私は『私は在る』である」(I am that I am)ほどふさわしい言葉はありません。他にも「ブラフマン※は私である」「私はブラフマンである」「私は彼(神)である」などの偉大な確言があります。しかし、「私は在る」を意味するエホヴァという名前ほど真我を直接的に表現したものはないでしょう。絶対的存在とは「在るもの」です。それが真我であり神なのです。真我を知れば神を知ります。実際、神とは真我以外の何ものでもないのです。

「私は在る」(I AM)だけが永遠であり、誰もが体験している明白な真理です。「私は在る」ほど自ら明らかなものは他にありません。人々が「自明」だと言うときの感覚を通して得た体験は、実際は「自明」とは言えません。ただ真我だけが「自明」なのです。それゆえ、真我探究をして、「私は在る」として在ることだけが為すべきことです。「私は在る」が実在であって、「私はこれやあれだ」は非実在です。「私は在る」は真理であり、真我のもう一つの名前なのです。

二元論と非二元論は相対的な名称であり、それらはともに二元的感覚を基盤としています。しかし、真我は「あるがまま」に在ります。真我の中には二元論も非二元論もありません。「私は『私は在る』である」(I am that I am)が真理です。「純粋な存在」が真我なのです。真実は、誕生も死も存在しません。人はただ「あるがまま」に在ります。ただそれだけが真理です。あなたはあなた自身について「私は在る」（I AM）と言います。つまり、あなたの存在は単なる存在ではなく、あなたが意識している存在です。それゆえ、あなたの存在は意識と同一なのです。

あなたはあなたが存在していることを知っています。いかなるときも自分の存在を否定することはできません。否定するにも、あなたがそこにいなければならないからです。「純粋な存在」は心を静かにすることで理解されます。心とは個人の外向的な機能です。もし内面に向かえば、心はやがて静かになり、「私は在る」（I AM）だけになります。それゆえ、「私は在る」は完全な真理なのです。

真我を定義することはできません。最もふさわしい定義は、「私は『私は在る』である」（I am that I am）です。聖典は真我を親指大のもの、髪の毛の先、電気の閃光、広大なもの、最微小より微小なものなどと記しています。それらには何の事実的根拠もありません。それはただ存在なのです。しかし、実在や非実在とは異なります。それは知識です。しかし、知識や無知とは異なります。いったいどうやってそれを定義できると言うのでしょう？　それはただ「存在」なのです。

時間の概念はあなたの心の中だけにあり、真我の中にはありません。真我にとって時間というものは存在しないのです。時間という概念は、自我が現れたあとに起こります。しかし、あなたは時間と空間を超えた真我です。時空が不在でも、あなたは「在る」のです。

なぜ人は苦しむのでしょうか？　なぜなら「私はあれやこれだ」と考えるからです。それは間違いです。「私は在る」（I AM）だけが存在し、「私は誰それだ」や「私はこれこれこういう者だ」ではないのです。存在が「無限なるもの」として在るとき、それは正しく、「限定されたもの」と見なされたとき、それは誤りです。それが真理の全体像です。

真我とは「ただ在る」ことであり、「あれやこれとして在る」ことではありません。それはシンプルな存在なのです。

在りなさい——そうすれば無知は終焉するでしょう。

「私―私」

「私―私」の意識は途切れることのない「私」の気づきです。* それはただ意識なのです。

立ち現れては沈みゆくもの、それは一過性の「私」であり、始まりも終わりもないもの、それが永遠の「私―私」意識です。

「私」という想念が呼吸とともに源に沈み込んだとき、無限に輝きわたるもう一つの「私―私」が現れます。それは途切れることなく続いて行くでしょう。それが目的地《ゴール》です。

「神」、あるいは「見る者」、あるいは「真我」に瞑想してゆくと、すべては「私」という精神的波動へと還元されます。「私」の源へと跡をたどってゆくと、原初の「私―私」だけがあとに残ります。それを描写することは不可能です。

「私―私」は真我であり、「私はこれだ」は自我です。真我の輝きは常にそこに存在していますが、自我は一時的なものです。「私」が「私」としてとどまったときにのみ、それは真我であり、「私」から逸れて「これ」と言うとき、それは自我なのです。

＊「私―私」の意識は途切れることのない「私」の気づきです：バガヴァーンは後年、霊的な進展を遂げた帰依者に「私―私」の真意について以下のように説明している。
「私―私」は自我でも真我でもなく、その二つの間にある何かです。それは「私」（真我）と「私」という想念

（自我）が組み合わさったようなものです。それは真我実現の前兆です。それが不変のサハジャ（自然な状態）となったときが、真我実現、解脱なのです。

自我と真我

私たちの内面から「私」として現れ出るもの、それは自我です。

自我が現れ出る源、それが真我です。

自我とは「私」という想念のことです。精妙な姿としての自我は、一つの想念として存在し続けますが、粗大な面における自我は、心と感覚と身体を含みます。深い眠りに入ると、それらは自我とともに消え去りますが、真我は存在し続けます。それと同じことが死においても起こるのです。

自我はそれ自身によって創造されたり破壊されたりするような、真我から独立した実体ではありません。それは真我の道具として機能し、周期的にその機能を止めます。つまり、それは現れては消え去るのです。これが誕生と死と見なされるものです。

名前や形を知覚するのは、あなたが自我と身体を同一視しているからです。夢の中で、自我がそれ自身を微細身（夢の身体）と同一視すると、知覚も精妙なものとなります。しかし、深い眠りの中には何の知覚もありません。それでも、そこに自我は存在していなかったでしょうか？　いいえ、存在していたのです。さもなければ、眠っていたという記憶さえ存在しえなかったでしょう。眠っていたのは誰でしょうか？　あなたは眠りの中で、「私は眠っている」とは言いませんでした。あなたがそう言うのは、目覚めの状態である今このときです。ですから、自我は目覚め、夢見、眠りのすべてにおいて存在していたのです。これらの状態の根底に在る実在を見いだしなさい。その実在という境地の中には、ただ「存在」だけが在ります。そこにはあなたも、私も、彼もなく、現在も、過去も、未来もありません。それは時間と空間を超え、あらゆる表現を超え、常に存在しているのです。

眠りから目覚めた人は、「眠りの状態では何も知らなかった」と言います。現在、彼は物事を見ていますし、自分がそこに存在していることも知っています。ところが、眠りの中では物事もなければ、それを見る人もいません。今、目覚めている人は、深い眠りの中にも存在していました。これら二つの状態の違いとは何でしょうか？　目覚めの状態には物事があり、感覚が戯れています。それらは眠りの中には存在していませんでした。新しい実体であるかのように自我がその合間に現れ、それが感覚を通して物事を見、それ自身を身体と混同して、「自我が本当の自分だ」と言うのです。しかし真実は、深い眠りの中に存在していたものが、現在も存在し続けているのです。真我は不変です。二つの状態の合間に現れたのは自我です。立ち現れては沈みゆくものは自我であり、不変のままとどまるものが真我なのです。

自我という中心の周辺を、あらゆる悪い質が取り巻いています。自我が消え去ったとき、真我実現は自然に起こります。真我の中には良い質も悪い質もありません。真我はあらゆる質から自由だからです。質は心だけに属し、真我は質を超えているのです。もし一元性があるなら、そこには二元性もあるということになります。一という数がその他の数を生じさせるからです。しかし、真理には一も二もありません。真我はただ「あるがまま」に在るのです。

真我の至福は、常にあなたとともにあります。もし真剣にそれを求めるならば、必ず見つかるでしょう。あなたの不幸の原因は、外側の人生の中にあるのではありません。それは自我として、あなたの中にあります。あなたが自分で自分に束縛を押しつけておいて、それからそれを超えようと虚しくあがくのです。

疑いや恐れは自我から起こります。自我が消え去れば、それらもともに消え去るでしょう。自我そのものは実在ではありません。自我とは何でしょうか？　調べなさい。身体は生命意識を持たず、「私」と言うことはできません。真我は非二元的な純粋意識です。それも「私」と言うことはできません。眠りの中では、誰も「私」とは言いません。それでは自我とは何なのでしょうか？　それは生命意識を持たない身体と真我との間に介在するものです。それは認識できるような実体を持っていません。そして探し出そうとすると、幽霊のように消え去るのです。

心の本質は気づき、あるいは意識です。しかし自我に支配されると、それは理性、思考、感覚器官として機能します。自我によって限定されない普遍的な心は、それ自体から分離したものが何もないため、ただ気づいています。これが、聖書が「私は『私は在る』である」（I am that I am）という言葉で意味したことです。

自我に支配された心はその活力を奪われて弱まり、想念から受ける責め苦に耐えられません。しかし自我のない心は、夢のない深い眠りの中で幸福です。そうしてみれば、不幸と幸福が心の状態でしかないことは明らかです。それでも、弱い心の状態を強い状態に変容させることは容易ではありません。活動性は弱さであり、結果的に不幸を招きます。受容性は強さであり、それゆえ至福をもたらすのです。

真実は、真我から自我が立ち現れ、それ自身を身体と同一視し、世界を実在だと誤解し、そして利己的な慢心から夢中になって幸福を探し求めるのです。このような人は自分自身がすべての中心となって、すべての現れの土台を作り出していることを理解しないのです。

真我と心の間に違いはありません。心が内側に向かえば真我であり、外側に向かえばそれは自我と世界になるのです。綿から作られたさまざまな衣服を、私たちはさまざまな名前で呼びます。金から作られたさまざまな宝飾品を、私たちはさまざまな名前で呼びます。しかし、そうしたすべての衣服は綿であり、すべての宝飾品は金であるように、実在は一つであって、数多くあるのはただの名前と形でしかないのです。しかし、真我を離れて心は存在しません。つまり、心はそれ自身の独立した存在を持たないのです。真我は心なしでも存在しますが、心が真我なしで存在することはけっしてありえないからです。

心とは真我から投影され、目覚めの状態に現れたものにすぎません。深い眠りの中では、あなたは自分のことを「誰々の息子だ」などとは言いません。目覚めるとともに「私は誰それだ」

と言い始め、「私は世界を認識する」などと言うのです。世界とは「知覚されたもの」です。「見られるもの」が世界なのです。それを見ている目とは何でしょうか？　それは目覚めと眠りのたびに周期的に立ち現れては消えてゆく自我です。しかし、「あなた」は常に存在しています。それゆえ、自我の彼方に在る「それ」が意識、つまり真我なのです。

実体を持たないこの幽霊のような自我は、一つの形態をつかむことによって存在を現わし、形態をつかむことで生き続けます。つかんだ形態によって養われながら、さらに大きくなっていき、一つの形態を手放しながら別の形態をつかみます。しかし、探し出そうとすると、それは逃げ出してしまうのです。

もし私たちが自分を自我として見なせば、私たちは自我となり、もし自分を心として見なせば、私たちは心となります。もし自分を身体として見なせば、私たちは身体となるのです。さまざまな形で私たちを包み込む心の鞘《さや》を作り出すのは想念です。水面に映る影は揺らいでいるように見えます。影の揺らぎを止めることができるでしょうか？　もし揺らぎが止まれば、あなたは水に気づくことなく光だけを見るでしょう。同じように、自我とその活動に注意を払うことをやめ、ただその背後にある光だけを見なさい。

真我の知識と無知

人々は、すべてに満ち渡る真我を覚えていることや忘れることについて語ります。記憶も忘却もともに単なる想念の状態でしかありません。そこに想念があるかぎり、記憶と忘却は交互に起こるでしょう。しかし、真理はその彼方に在るのです。記憶や忘却は何かに依存しなければなりません。その何かは真我にとって異質なものに違いありません。そうでなければ、忘れるということはありえないでしょう。記憶と忘却は個人という観念に依存するのです。

この個人的な「私」という想念は、見つけ出そうとしても見つかりません。なぜなら、それは存在しないからです。それゆえ、この「私」という想念は、幻想あるいは無知と同義語なのです。「この無知は今までけっして存在していなかった」と知ること、それがすべての霊的教えの目的です。無知とはその無知を自覚している人のものに違いありません。その自覚が真我の知識です。真我の知識は永遠で自然なもの、無知は不自然で偽りのものなのです。

無知は自我に結びついています。なぜ自我について考え、その上苦しむのですか？　無知とは何でしょうか？　それは「存在しないもの」です。しかしながら、世俗的な人生は無知という前提を必要としています。無知とは真我を忘れることに他なりません。太陽の前に暗闇が存在できるでしょうか？　同じように、自ら輝き、自ら明らかな真我の前に無知が存在できるでしょうか？　もしあなたが真我を知れば、暗闇も、無知も、苦しみもなくなるのです。
不幸や困難を感じるのは心です。暗闇は来ることも去ることもありません。太陽を見なさい。そうすれば、そこに暗闇はありません。それと同じように、真我を見なさい。そうすれば、そこに無知はないことを見いだすでしょう。

想念の不在は空白状態を意味するわけではありません。そこには空白状態を知る者がいるはずです。知識も無知も心に属します。それらは二元性から生まれ出たものです。しかし、真我は知識と無知を超えています。それは光そのものなのです。真我を見るために、別の真我は必要ありません。二つの真我がそこに存在しているわけではないからです。真我ではないもの、それが非真我です。非真我に真我を見ることはできません。真我にとっては見ることも聞くこともありません。真我はそれらすべてを超えた「一なる純粋意識」として存在するのです。

観照する意識

真我はすべての体験の根底に在ります。それはすべてを観照し、すべてを維持するものとして在り続けます。それゆえ真我は、目覚め、夢見、眠りという状態とは異なったものなのです。真我は常に存在し、真我なしには何も存在しません。真我として在りなさい。そうすれば、欲望や疑いは消え去るでしょう。真我は眠り、夢見、目覚めという存在状態の観照者です。それらの状態は自我に属しますが、真我は自我を超越しているのです。

眠りの状態の中でも、あなたは存在していなかったでしょうか？　眠っている間、あなたは自分が眠っていることや世界に気づいていないことを知っていましたか？　あなたが眠りの体験について「自覚のない状態だった」と言い表すのも、目覚めの状態においてだけです。それゆえ、眠りの状態の意識は目覚めの状態の意識と同じものなのです。もしこの目覚めの状態の意識が何であるかを知るなら、あなたは三つの状態すべてを観照する意識を知ることになるでしょう。

眠りの中では「あなた」だけが、つまり真我だけが存在していたのです。

観照について語ることは、そこに観照者と観照される何かが存在していることを意味します。しかし、「観照者」とは「見る者」「見られるもの」「見ること」を照らし出す「光」なのです。「見る者」「見られるもの」「見ること」が現れる前と、それらが現れている間と、それらが消え去ったあとを照らす光が存在しています。ただその光だけが常に存在するのです。

「観照者」という概念が当てはまるのは、見られる対象物がそこに存在するときだけです。だとすれば、そこには二元性があることになります。真理は観照する主体と観照される対象の両方を超越しているのです。

「真我が世界の観照者として在る」という観念は心の中にだけ存在しています。それは真我における絶対的な真実ではありません。観照者は観照されている対象と相対的関係にあります。観照者と観照されるものはともに思考の産物なのです。

世界と真我

真我実現した賢者は、世界を見ながら見られるものすべての根底に在る真我を見ています。しかし無知な人は、世界を見ていようといまいと彼の本性である真我について無知なままです。

映画のスクリーン上で動いている映像を例に考えてみなさい。映画が始まる前に、あなたの目の前にあるのは何でしょうか？　ただのスクリーンです。あなたはスクリーンの上に映し出されたドラマを見ています。そして映像が現れている間、それらは皆、現実であるかのように見えます。しかし、行ってつかみ取ろうとしてみなさい。何をつかむでしょうか？　ただのスクリーンです。映画が終わって映像が消え去ったあと、何が残っているでしょうか？　やはりスクリーンです。真我もそれと同じです。ただ真我だけが存在し、映像は現れては消え去ります。もしあなたが真我とともにとどまれば、映像の現れに惑わされることはないでしょう。あるいは映像が現れようと現れまいと問題にはならないでしょう。ちょうどスクリーンを無視して映像だけを見ていたように、無知な人は真我を無視して世界を実在だと思い込みます。あたかも世界が自分から分離して存在しているかのように。しかし、もしスクリーンなしには映像がありえないように、見る者なしには見られるものもないということを知れば、惑わされることはなくなるのです。

真我実現した賢者は、スクリーンも映像もともに真我であることを知っています。世界という映像によって真我は形を取り、世界という映像がないとき真我は無形のままとどまります。賢者にとって真我が形を取るか取らないかは問題ではありません。彼は常に真我なのです。

この身体や世界を見ることが過ちなのではありません。過ちは「私は身体だ」と考えることにあるのです。「身体は私の中にある」と考えることにも問題はありません。身体も世界も、すべてが真我の中に存在しているからです。と言うよりもむしろ、スクリーンなしには映像を見ることができないように、真我を離れては何一つ存在できないのです。

気づきを一時的に通り過ぎるものと見なすのは間違いです。真我は常に気づいています。真我がそれ自身を見る者と同一化するとき、それは対象物を見ます。主体と対象を作り出すこと、それが世界創造です。主体と対象は純粋意識の中で創造されるのです。

映画を見るとき、あなたはスクリーン上で映像が動いているのを見ます。映像に注意を向けているとき、あなたはスクリーンに気づいていません。しかし、背後にスクリーンがなければ映像を見ることもできません。ここで言う映像とは世界のことであり、スクリーンとは意識のことです。意識は純粋です。純粋意識こそが永遠不変の真我です。主体と対象を取り払ってみなさい。そうすれば、純粋意識だけが残るのです。

世界とは何でしょうか？　世界はあなたが眠っている間は存在しません。それは目覚めの状態におけるあなたの心によって投影され形作られたものです。それゆえ、世界とは一つの観念以外の何ものでもないのです。

世界は外側にあるのではありません。感覚的印象は外側の世界が原因で起こるわけではないのです。なぜなら、世界は意識によってのみ認識されるからです。世界が「世界は存在する」とは言いません。それはあなたの印象なのです。しかし、この印象には一貫性も連続性もありません。深い眠りの中では世界は知覚されないからです。つまり、眠っている人にとって、世界は存在しないということです。それゆえ、世界は自我の産物なのです。自我を探し出しなさい。自我の源を見いだすことが最終目的です。

目覚めと夢見の状態では世界は認識されます。なぜなら、それは心の産物だからです。心は眠りの中に引き込まれ、世界はその中に種子の状態で存在しています。それはあなたが目覚めるとともにふたたび現れます。最初に自我が立ち現れ、それ自身を身体と同一視し、そして世界を見るのです。それゆえ、世界は精神的創造物なのです。

いつも覚えていなさい。世界はあなたの心の投影でしかなく、心は真我の中に存在しているということを。動くのは身体であって真我ではありません。世界は真我の中にあるのです。

視野はその人の見解にしたがって異なるものです。視野は目を通して得られます。目はどこかに位置しているはずです。もしあなたが粗大な目（身体の目）で見るなら、他の物事は粗大に見えるでしょう。もし精妙な目（心の目）で見るなら、他の物事も精妙に見えるでしょう。もしも真我の目で見るなら、真我は無限であるため、その目も無限なものになります。そうすれば、真我と異なるものを見ることなどなくなるのです。

いつであれ、どこであれ、私たち一人ひとりが見ているのは、ただ自分の真我だけです。人は世界や神を自分の在り方にしたがって見ているのです。

もしあなた自身が苦しみから解放されれば、苦しみはどこにもなくなるでしょう。問題が生まれるのは、あなたが世界を外側に見、そこに苦しみがあると考えるからです。しかし、世界もその苦しみもあなたの中にあるのです。それゆえ、もしあなたが内側を見れば苦しみはなくなるでしょう。

世界とは心の産物です。あなたの心を知りなさい。それから世界を見なさい。そうすれば、あなたは世界が真我と異ならないことを知るでしょう。

世界が真我から分離していると見なされたとき、それは非実在であり、世界が真我として見なされたとき、それは実在なのです。

真我実現された状態の中に創造はありません。人は世界を見るとき、真我を見ていません。真我を見るとき、世界を見ていません。だから、真我を見なさい。そして、創造はなかったのだと悟りなさい。

トゥリーヤ

トゥリーヤ※とは真我の自覚を意味します。トゥリーヤの文字通りの意味は「第四」であり、ここでは「第四の状態」を意味しています。「第四の状態」という言葉は、目覚め、夢見、眠りの三つの状態の根底に在る「至高の意識」を示しています。「第四の状態」は永遠であり、他の三つの状態はその中で来ては去って行くものです。しかし真実は、ただ目覚め、夢見、眠りという三つの状態だけが存在し、トゥリーヤはその四番目に存在するものではなく、それら三つの状態の根底に在ります。しかし、人々は正しく理解していないため、「それは第四の状態であり、唯一の実在だ」と言うのです。事実、この第四の状態は何からも分離していません。なぜなら、それはすべての現象の根底に在るものだからです。それは唯一の真理、あなたの存在そのものです。三つの状態はそのトゥリーヤの上に現れ、トゥリーヤの中に消えゆく儚い現象でしかありません。それゆえ、三つの状態は実在ではないのです。

トゥリーヤとは真我のもう一つの名前でしかありません。私たちは、目覚め、夢見、眠りの状態に気づいているため、自分自身の真我に気づかずにいます。それにもかかわらず、真我は「今ここ」に存在しているのです。「それ」だけが唯一の実在であり、他には何も存在しません。身体との自己同一視が続くかぎり、世界は私たちの外側に存在するように見えるでしょう。ただ真我だけに気づいていれば、目覚め、夢見、眠りの状態は存在しなくなるのです。

「眠りなき眠り」とは真我実現した賢者の状態を示しています。眠りの中では自我は沈潜し、感覚器官は活動していません。真我実現した賢者の自我は死滅したのです。彼が感覚を通した活動に自ら耽溺することや、「私が行為者だ」という観念に耽ることはありえません。

彼は眠りの中にいます。それと同時に、彼は眠りの中のように無意識ではなく、真我の中で完全に目覚めています。それゆえ、彼の状態は眠りのない状態だとも言えます。この「眠りなき眠り」あるいは「目覚めた眠り」、名前は何であれ、それが真我のトゥリーヤです。そのトゥリーヤというスクリーンの上を、目覚め、夢見、夢なき眠りという三つの状態がスクリーンに影響を及ぼすことなく通り過ぎてゆくのです。それゆえ、真我実現した賢者は彼が真我であることを知っており、スクリーンである真我の上を、世界と呼ばれるさまざまな映像が通り過ぎてゆくのを見守るだけで、彼がスクリーン上に戯れる映像の影響を受けることはないのです。

もし目覚めの状態の中でハートを手放さず、精神的活動を静め、ブラフマンだけに黙想をすれば、その状態はトゥリーヤと呼ばれます。そして個人が「至高なるもの」の中に融け入ったとき、それはトゥリーヤーティータ（第四の状態を超えた境地）と呼ばれます。

植物は常に眠りの状態にあり、動物は眠りと夢見の両方の状態にいます。神々は常に目覚めの状態にあり、人間は三つの状態すべてを体験しています。しかし、霊眼の開いたヨーギーはトゥリーヤにのみとどまっています。そして最高位のヨーギーはトゥリーヤーティータにのみとどまるのです。

一般人にとって、三つの状態は無意識の内に交替していきます。しかし、最後の二つの状態（トゥリーヤとトゥリーヤーティータ）は修練の結果であり、確実に解脱へと導くものです。他の三つの状態は時間と空間という条件付けに限定され、それぞれの状態は他の二つの状態を除外します。それゆえ、それら三つの状態は実在ではないのです。

トゥリーヤと呼ばれるものは、「目覚めた眠り」あるいは「目覚めの中の眠り」と描写されています。つまり、それは「世界に対しては眠り、真我に対しては目覚めている」ことを意味しているのです。「目覚め、夢見、眠りという三つの状態が、真我のスクリーンの上を去来する」と真我が言うでしょうか？　「それらは去来する」と言うのは見る者です。見る者と見られるものが、ともに心を構成しています。心と呼べるようなものが存在しているかどうか見てみなさい。そうすれば、心は真我の中に融け去ります。そこには見る者も見られるものも存在しません。それゆえ、三つの状態は来ることも去ることもなく、ただ真我だけが、常に「あるがまま」に在るのです。三つの状態はその存在を未探究に負っています。探究が三つの状態を終焉させるのです。

どんなに私が説明を重ねようとも、あなた自身が真我を実現して、疑いようもなく明白な唯一の実在に対して今まで盲目であったことに自ら驚愕するまで、真理が明らかになることはないでしょう。

世界は非実在、世界はブラフマン

目覚めと夢見、どちらも心の産物です。心がどちらかに没頭しているかぎり、どちらの実在性も疑うことはできません。夢を見ている間は夢見の世界の実在性を疑えず、目覚めているときは目覚めの世界の実在性を疑うことができないのです。その反対に、もしあなたが世界から心を完全に内側に引き入れて、そこに安住するならば、つまりもしあなたが常にすべての体験の基盤である真我に目覚め続けるなら、今、あなたが気づいている世界は、あなたが夢見の中で生きていた世界と同じように非実在であることがわかるでしょう。

世界は知覚されますが、知覚されたものは単なる現れにすぎません。それは存在する場と光を必要とします。そのような存在の場と光は、心と同時に現れます。それゆえ物質的な存在と光は、精神的な存在と光の一部分なのです。この精神的な存在と光は絶対的なものではありません。なぜなら心は現れては消え去るものだからです。心の根源は真我にあります。真我の存在と真我が自ら発する光輝は明らかなものです。それゆえ、眠り、夢見、目覚めを通して存在し続ける真我こそが絶対的存在なのです。

世界は多様性によって成り立っています。それは心の働きです。心は真我の光を反映して輝いています。映画の映像は、まぶしく輝く光の中や暗闇の中ではなく、拡散された人工の光の中でのみ見ることができます。それと同じように、世界という影像《イメージ》も、無知の暗闇の中で、真我から拡散され、心に反映された光だけを通して見られます。世界は眠りの中のように純粋な無知の暗闇の中でも、真我実現のように純粋な光の中でも見ることはできません。世界の多様性が現れる原因は無知にあるのです。

ヴェーダーンタ哲学の信奉者たちは、「世界は非実在だ」とは言っていません。それは誤解です。もし彼らがそう言っているとしたら、どうしてヴェーダーンタの聖典は、「すべてはブラフマンである」と述べているのでしょうか？　彼らが意味しているのは、「世界は世界としては非実在だが、真我として見た世界は実在だ」ということです。世界を真我ではないものとして見たとき、それは実在ではなくなります。世界は真我の中にあり、真我から分離して存在しているわけではないのです。

世界を構成する名称と形態は常に変化し、やがて消え去ります。真我を名前と形に限定したとき、それは幻想であり、すべてを真我と見なしたとき、それが実在なのです。アドヴァイタ哲学の信奉者は「世界は幻想だ」と言います。しかし、「すべてはブラフマンだ」とも言っています。つまり、世界をブラフマンと見なすことではなく、世界を実在と見なすことが非難されているのです。

あなたは世界の中にいるのでしょうか、それともあなたの中に世界があるのでしょうか？　あなたは眠りの間も自分が存在していることを否定できないはずです。しかし、世界が知覚されていないことは認めるに違いありません。その世界はあなたが目覚めたときに現れます。では、それはどこにあるのでしょうか？　明らかに世界はあなたの想念なのです。想念とはあなたが投影したものです。初めに「私」が創造され、それから世界が創造されます。「私」は真我から立ち現れ、世界は「私」によって創造されるのです。それゆえ、もしあなたが「私」の創造を解明するなら、世界の創造の謎も解明されるでしょう。だからこそ私は言うのです。「真我を探究しなさい」と。

幸福は真我から起こる

誰もが幸福を与えてくれるもののあとを追いかけています。外側の人や物事が幸福を与えてくれると思い込み、そのあとを追いかけてしまうのです。感覚的快楽も含めたすべての幸福が、本当はどこから現れるのかを見いだしなさい。すると、すべての幸福は真我から起こるということを、あなたは理解するに至るでしょう。そうなれば、あなたは常に真我の中にとどまろうとするでしょう。

自我が現れる前はどんなに幸せだったことでしょう！　現在の不幸の原因は、ただ自我が出現したからです。自我をたどってその源まで戻れば、「眠りのない眠り」という区別も分離もない「あの幸福な状態」に達するでしょう。真我は常に変わらず、「今ここ」に在ります。それ以上得るものなど何もありません。誤って限定が受け入れられたため、それを超越する必要が生じただけなのです。

幸福への願望は、真我の幸福が常に存在していることの証しです。そうでなければ、なぜ幸福への願望が湧き起こるのでしょうか？　もし頭痛が自然なものなら、誰もそれを取り除こうとはしないでしょう。しかし頭痛が起こると、誰もがそれを取り除こうとします。なぜなら、彼は頭痛がなかったときのことを知っているからです。人は自分にとって自然なことだけを望むのです。同じように、人が幸福を望むのは、幸福が自分にとって自然なものだからです。自然なものだからこそ、それは獲得されるものではないのです。私たちにできるのは、ただ不幸を取り除こうとすることだけです。もし不幸が取り除かれたなら、常に存在する至福を感じることができるでしょう。原初の至福は「真我ではないもの」によって覆い隠されています。「真我ではないもの」とは至福のない状態、つまり不幸と同義語です。「不幸を失うこと」＝「幸福を得ること」です。不幸と幸福が混合した状態は不幸でしかありません。だから「不幸が取り除かれたとき、常に存在している至福が得られる」と言われているのです。

ハート

真我はハートです。ハートは自ら光を放っています。光はハートから現れ、心《マインド》の座である脳に達します。世界は真我の光を反映して輝く心によって見られます。つまり、世界は心の助けを借りて知覚されるのです。心が真我の光に照らされているとき、それは世界に気づき、照らされていないときは世界に気づいていません。もし心が光の源へと振り返れば、外界の知識は消え去り、真我だけがハートとして輝き出すでしょう。

月は太陽の光の反映によって輝いています。太陽が沈めば、月は物事を見るのに有用ですが、太陽が昇れば、空におぼろげな姿は見えても、月を必要とする人はいません。心とハートについても同じことです。心は反映された光として有用です。それは物事を見るために用いられます。それが内面に向かえば、光の源であるハートはそれ自体で輝いているため、心はおぼろげになり、真昼の月のように無用となるのです。

「ハート」は『ヴェーダ』や聖典の中に、「私」という観念が湧き起こる場所として述べられています。それがただの肉の塊から湧き起こるでしょうか？　それは私たちの存在の中心より少し右側から生じます。しかし、真の「私」を位置づけることなどできません。すべては真我であり、存在するのはただそれだけだからです。だからこそ、「ハートは私たちの全身体であり、全宇宙である」と言うべきです。そして、それが真の「私」なのです。

しかし、自分自身を身体と見なしている探究者の理解を助けるために、私たちは宇宙あるいは身体の中の一ヶ所をハートとして示さなければなりません。それゆえ、このハートが「真我の座」として指摘されています。しかし真実は、私たちはすべてに存在し、すべてが私たちであり、それ以外は何も存在しないのです。

真実を言えば、純粋意識は分割不可能で、部分を持ちません。それは姿も形もなく、内も外も、右も左もありません。ハートである純粋意識はすべてを包含しています。それから分離して存在するものは何もありません。これが究極の真理です。

この絶対的見地に立てば、ハート、真我、意識が、物理的身体の中に特定の位置を持つことはありえないのです。それはなぜでしょうか？　身体は単なる心の投影でしかなく、心は輝くハートのおぼろげな反映にすぎないからです。すべてをその中に含むハートが、どうして実在の最微小の現れにすぎない物理的身体の小さな一部分に限定されると言うのでしょうか？

真我以外のものを知ろうと外へさ迷い出て行くことのない真の存在である意識、それがハートです。真我の真理は、ただ活動のない意識によってのみ知られるため、ただ真我にだけ注意を注ぎ続ける意識こそが、純粋な知識の輝きなのです。

恩寵

真我は常に存在しています。それは新たに得られるようなものではありません。恩寵とは真我のことです。真我と身体との偽りの自己同一化ゆえ、師も身体を持っていると見なされています。しかし師の視点から見れば、師とは真我に他ならないのです。

真我は「一なる存在」です。師は「ただ真我だけが存在する」とあなたに告げます。だとすれば、真我があなたの師ではないでしょうか？　それ以外のどこから恩寵が注がれると言うのでしょう？　それはただ真我からでしかありません。真我の現れが恩寵の現れであり、その反対もまた然りです。真我の外側に存在するものなど何もないからです。

人は世俗の物事では満たされなくなり、欲望を満たすために神に祈りを捧げ、それによって心が清められます。そして、世俗的な欲望を満たすよりも、神を知りたいと願うようになるのです。そのとき、神の恩寵が現れ始めます。神は師の姿を取って帰依者の前に現れ、真理を説きます。そして、教えと交流によって帰依者の心を浄めます。こうして帰依者の心は強くなり、内面に向かうことができるようになります。瞑想によって心はさらに浄化され、ついにはわずかなさざ波さえない静寂の内にとどまります。その静寂が真我です。師は外面と内面の両方に存在します。外面からは、心が内面に向かうように後押しをし、内面からは、心を真我に引き込み静かになるように助けます。これが師の恩寵です。神、師、真我の間には何の違いもないのです。

師はあなたが考えているように外側にいるのではありません。師はあなたの中にいる真我なのです。この真理を理解しなさい。あなたの内面を探して、そこに師を見いだしなさい。そうすれば、あなたは師との絶え間ない霊的交流を持つことでしょう。メッセージはいつもそこにあります。それはけっして沈黙してはいません。それがあなたを見放すことなどけっしてありえず、あなたが師から立ち去ることもけっしてできないのです。

恩寵とは真我のことです。もしもあなたがバガヴァーンを覚えているなら、それは真我によってそうするように促されているのです。それゆえ、恩寵はすでにそこにあるのではないでしょうか？　あなたの中で恩寵が働いていないときがあるでしょうか？　あなたがバガヴァーンを覚えていることが恩寵のしるしです。それが受け応えであり、あなたへの励ましです。そして、それが真我であり恩寵なのです。ですから心配することなどありません。

「私は身体だ」という観念

誰もが「私は身体だ」と言います。その体験は無知な人にとっても賢者にとっても同じです。しかし、無知な人は真我が身体の中に封じ込められていると信じ、賢者は身体が真我を離れては存在できないことを知っています。彼にとって真我は無限であり、それは身体をも含んでいるのです。

真我は純粋意識です。それにもかかわらず、人は自分を生命意識のない身体と同一視します。身体がそれ自身で「私は身体だ」と言うことはありません。他の誰かがそう言うのです。無限の真我もそうは言いません。いったい誰がそう言うのでしょうか？　生命意識のない身体と純粋意識との間に現れた偽りの「私」が、それ自身を身体に限定してそう言うのです。この偽りの「私」を見いだしなさい。そうすれば、それは幽霊のように消え去るでしょう。その幽霊とは自我、心、個人性のことです。

初めのうちあなたは、「私は身体ではない」と言われなければなりません。なぜなら、誰もが自分は身体に他ならないと思い込んでいるからです。実際のところ、人は身体であり、それ以外のすべてでもあります。身体は全体の一部でしかありません。最終的にはそれを知らなければならないのです。

無欲

真我は無限であり、見るものすべてがその中に含まれています。「それ」を超えるものはなく、「それ」から分離したものもありません。このことを知れば、あなたは何も望まなくなるでしょう。何も望むことがないため、あなたは満ちたりるのです。

「無欲」は最高の至福です。それはただ体験によってのみ理解されます。たとえ皇帝でさえ、無欲の人の比ではありません。皇帝には彼に仕える臣下がいます。しかし、無欲の人は真我以外の何にも気づいていないのです。どちらがすぐれているでしょうか？

第二章　真我探究

一　真我探究の前段階

無欲と無執着

無欲と叡智は別のものではありません。それらは同一です。無欲とは、心がいかなる対象物に向かうことも差し控えることです。叡智とは、何の対象物も現れないことを意味しています。言い換えれば、真我以外の何ものも求めないことが無欲あるいは無執着であり、真我をけっして離れないことが叡智です。

この世の物事の本性とその儚さを見極めることが、無欲と無執着へと導きます。だからこそ、真我探究が最初に踏み出される重要な一歩となるのです。真我探究が自動的に継続するようになると、富や名声、快適さや快楽を無価値なものとして軽視するようになります。「私」という想念を見極めることはより明確になり、こうして「私」の源であるハートへと導かれてゆくのです。それが最終目的です。

感覚的な快楽の彼方にある至福を実現するための唯一の方法は、感覚的な快楽から心の向きを転換させ、快楽を超えた「それ」の中に心を融かし去ることです。「それ」に集中すればするほど、その快楽に対する魅力はひとりでに落ちていくでしょう。

知性の消滅

すべての生きとし生けるものは、自己を取り巻く周囲の状況に気づいています。それゆえ、すべての生き物に知性があるに違いありません。しかしそれと同時に、人間の知性と他の動物の知性の間には違いがあります。なぜなら、人間は世界をあるがままに見、それにしたがって行為するだけではなく、自分の欲望を満たすことを求めながら、現状には満たされずにいるからです。欲望を満たそうと、人は広く遠くへと自分の視野を拡大していきますが、それでも満たされないことに気づいて、向きを変えて立ち去ります。そして、今度は論理的に考え始めるのです。永久的な平和と幸福を望むことは、そのような不変性が彼自身の本性であることを物語っています。だからこそ、人は自己の本性である真我を見つけ出し、取り戻そうとするのです。それさえ見つかれば、すべてが見つかるからです。そのような内面へと向う探究は、知性によって進む道です。

たゆまぬ修練の結果、知性を機能させているのは「高次の力」だということを、知性自身が理解するに至ります。しかし、知性はそれ自身で「高次の力」に達することができないため、ある段階に達すると知性の機能は停止します。こうして知性が機能を停止したとき、そこにはただ「至高の力」だけが残るのです。それが真我実現であり、究極のゴールです。

それゆえ、明らかに知性の目標とは、「知性自身が高次の力に依存しているのだから、知性で高次の力に到達することは不可能だ」と悟ることなのです。つまり、知性はゴールに達するために、それ自身を消し去らなければならないのです。

直観(洞察)は、知性がそこから生まれ出た源の中に融け去ったときに起こります。知性は外側の世界を理解することにしか役立ちません。たとえ知性を完璧にしたところで、外側の世界をよりよく理解することができるだけです。内面に目を向け、真我に達するためには、知性はまったく役に立ちません。それゆえ知性は、それが生じた源の中に融け去って消滅しなければならないのです。

神と恩寵

神とは常に第一の「私」であり、永遠にあなたの目の前にある存在です。しかし、あなたが世俗的なことに優位を与えてきたため、神は遠く背後に退いてしまったのです。もしあなたが神のみを求め、それ以外のすべてをあきらめるなら、ただ神だけが真の「私」である真我として残るでしょう。

真我実現には神の恩寵が欠かせません。それは神の実現へと導きます。けれどもそのような恩寵は、自由に向かってたゆみなく進み続ける真の帰依者や探究者だけに与えられるのです。

内向的な心

外側の物事について考え続けるかぎり、心は存在し続けます。しかし、もしあなたが心を外側の物事から引き戻して、心あるいは「私」に気づきを向けるなら、つまり内向的になれば、心は存在しなくなるのです。

真我は内向的になった探究者を引き寄せます。探究者が外向的であるかぎり、真我実現は不可能です。

プラーナーヤーマ

プラーナーヤーマ※（呼吸制御）は役立ちます。それは心を一点に集中させることを目的としたさまざまな方法の中の一つです。プラーナーヤーマはさ迷う心を制御し、一意専心させることに役立ちます。しかし、探究者はそこにとどまるべきではありません。プラーナーヤーマによって心が制御されたあとは、それによって起こるいかなる体験にも甘んずることなく、心が真我の中に融け入るまで「私は誰か？」と問い続けるべきです。

「私はブラフマンである」の真意

「私はブラフマンである」という「偉大な確言（マハーヴァーキャ）」は、単に「ブラフマンは『私』として在る」を意味しているのであって、「私はブラフマンだ」という意味ではありません。「私はブラフマンである」という言葉に黙想するべきではありません。真我は真我です。ブラフマンは「私は在る」（I AM）として生きとし生けるすべてのものの中に存在しているのです。

解脱とは、真我に気づき続けることでしかありません。「私はブラフマンである」という「偉大な確言」はその証言です。「私」は常に体験されているのですが、それでも、それに注意を向けなければなりません。そうすることで、初めて知識は明らかになるからです。

これではない、これではない

「これではない、これではない（ネーティ・ネーティ）」と非実在を消去していくことは瞑想ではありません。源を見いだしなさい。確実に源にたどり着かなければなりません。そうすれば、偽りの「私」は消え去り、真実の「私」が実現されるでしょう。

「私はこれではない、私はあれではない」という過程は知的なものにすぎません。実際、すべての聖典がこの過程について述べているのは、ただ探究者を真理に導くためです。真理を直接指し示すことはできません。だからこそ、この知的過程があるのです。わかるでしょうか？「私」ではないもののすべてを消去するその人に、「私」を消去することはできないのです。「私はこれではない、私はあれではない」と言うためには、そこに「私」がいなければならないからです。この「私」が自我であり、「私」という想念です。この「私」という想念が立ち現れたあとに、その他すべての想念が現れます。それゆえ、「私」という想念がすべての想念の根源です。もしこの根を抜き取れば、他のすべての想念も根こそぎにされるでしょう。だからこそ、根である「私」を見いだしなさい。「私は誰か？」と問いなさい。その源を見つけなさい。そうすれば他のすべての想念は消滅し、純粋な真我だけが残るでしょう。

識別

いかに実在《リアリティ》と非実在を識別（ヴィヴェーカ）しようとも、それは現象を一時的な儚いものとして放棄させ、永遠の真理と存在だけをつかみ取ろうという思いに駆り立ててはくれますが、それだけでは私たちを一歩先に進ませることしかできません。

まず意識と意識のないものを区別し、それからただ意識として在りなさい。そうすればそのあとに、意識のないものも意識と異ならないということを理解するでしょう。これが識別です。初期の識別は最後まで継続しなければなりません。その結実が解放なのです。

放棄

もし物事が独立した存在を持つなら、つまり、それがあなたから離れたところに存在するのなら、それを放棄することもできるでしょう。しかし、物事はあなたから離れて存在しているわけではありません。それはあなたとあなたの心ゆえに存在しているのです。だとすれば、物事から逃れてどこへ行けると言うのでしょう？

規則、規律、訓練

毎朝、定時に起床し、沐浴し、マントラを称《とな》え、儀式を行うなどの日常の規則にしたがうことは、真我探究に惹かれない人たち、あるいは真我探究をする能力のない人たちのためにあります。しかし、真我探究を実践できる人たちにとって、規則、規律、訓練などは不必要です。

善の質を培う

あらゆる神聖な特質が「真我の知識」の中に含まれ、あらゆる魔性の特質が「無知」の中に含まれています。真我の知識を得たとき、すべての無知は消え去り、すべての神聖な特質が自然と現れます。真我の知識に達した人なら、嘘をつくことも、悪事を働くこともできません。「究極の解脱に達するための準備として、善の質を培わなければならない」と聖典は述べています。しかし、真我探究の道を歩む人にとっては、探究をするだけでじゅうぶん神聖な特質を得ることができます。それ以外何もする必要はないのです。

聖典を読む

ヴェーダーンタの聖典を読むことに関して言うなら、いくらでも読み続けることはできるでしょう。聖典があなたに言えることは、「あなた自身の中で真我を実現しなさい」ということだけです。真我を本の中に見いだすことはできません。あなたは「それ」を自分で、自分自身の中に見いださなければならないのです。

真理を聞くこと、真理に黙想すること

ある人たちは真我の知識に異なった段階があると信じています。あなたが知っていようといまいと、真我は常に実現されているのです。彼らは、「真理を聞くこと（シュラヴァナ※）」は直接的知識であり、間接的知識ではないと議論します。真我の知識は不幸を消し去りますが、「真理を聞くこと」だけではそれは起こりません。ですから、たとえ直接的であったとしても、その知識は不動のものではないのです。

知識が確立されない原因は、ヴァーサナー※（心の潜在的傾向）が現れるからです。ヴァーサナーが取り除かれたとき、真我の知識は揺るぎないものとなって実を結びます。

別の人たちは、「真理を聞くこと」は間接的知識だと言います。「真理に黙想すること（マナナ※）」によって、真我の知識は断続的ながらも直接的なものになります。それを断続的にさせるのはヴァーサナーです。ヴァーサナーは「真理に黙想すること」の修練のあとでさえ、さらに強烈な勢いで湧き起こります。そのため、それは抑制されなければなりません。「私は身体ではない」と油断なく覚えていることと、「真理を聞くこと」において得られた直接的体験を固守することによってヴァーサナーは抑制されます。そのような修練は真我探究と呼ばれ、それがヴァーサナーを消し去ります。そうして初めてサハジャ・サマーディ※の境地が開かれるので

す。それが確実な真我の知識です。

活動する義務を果たす

もしあなたが他の物事を追求せずに静かにしていられるなら、それはとても良いことです。もしそれができないなら、実現に関するかぎり、ただ静かにしていることが何の役に立つと言うのでしょう？　活動する義務があるかぎりは、その義務を果たしながらも、真我実現への試みをあきらめてはならないのです。

自我なしに修練はできない

真我探究を除いたあらゆる修練が、それを続けてゆくために自我を維持することを前提とし、自我なしには修練することができません。自我はその人の修練の状態に応じてさまざまに異なった微妙な形を取りますが、修練をしても自我はけっして破壊されないまま残るのです。

心が存在するかどうかと探究すれば、心は存在しないということがわかるでしょう。それが心を制御する方法です。しかし、心が存在すると見なした上で、それを制御しようとすれば、心が心を制御することになってしまいます。

自我あるいは心を真我探究以外の修練で破壊しようと試みることは、警官になりすました泥棒が、泥棒すなわち自分自身を捕まえようと装っているようなものです。心はそのような方法にばかり固執することで、巧みに逃れます。真我探究だけが、自我も心も実は存在しないという真実を暴き、純粋で分割不可能な真我を実現することができるのです。真我を実現すれば、知られるべきことは何も残りません。なぜなら、それは完全な至福であり、それがすべてだからです。

他のどんな修練方法が選ばれたとしても、そこには常にそれを「する人」がいるはずです。それは避けられません。その「する人」とは誰なのか？　それが見いだされなければならないのです。それが見つかるまで、修練を終えることはできません。それゆえ、最終的にはすべての人が、「私は誰か？」を見いださなければならないのです。

実在とは自我が消え去った境地です。自我のアイデンティティを探し出すことで、それを破壊しなさい。自我には実体がないため、探究すればそれは自動的に消え去ります。そうすれば、真理はひとりでに輝き出すでしょう。真我探究は直接的方法です。一方、他のすべての修練方法は自我を維持しなければできません。それらの道を選べば多くの疑いが起こり、究極の問いは最終的に直面されるまで残るでしょう。しかし、真我探究では最後の問いだけが唯一の問いです。そして、最初からこの問いなのです。それゆえ、この探究にはいかなる修練も必要ありません。

瞑想は自我が保たれた状態でのみ可能です。そこには自我があり、瞑想される対象がありますそのため、その方法は直接的とは言えません。瞑想する主体である自我と瞑想の対象が存在するかぎり、それは二元性の中にあるからです。しかし、真我は「一なるもの」です。自我を探り出すこと、つまりその源を探究することで自我は消滅し、あとにはただ真我だけが残ります。これが直接的方法です。

二　真我探究・実践

「私は誰か？」

自分自身に「私は誰か?」と問いなさい。身体とその機能は「私」ではありません。さらに深く進むと、心とその機能も「私」ではないことがわかります。

次の段階は、「これらの想念はどこから湧き起こるのか?」と問うことです。想念は自発的で、表面的で、分析的です。それは知性の働きです。

次に、「想念に気づいているのは誰か?」と問いなさい。そうすることで、想念の存在、その概念、その働きが明らかになります。

この分析の結果、想念やその流れの存在を認識するのは、個人の人格だということがわかります。この人格が自我、あるいは一般に言われる「私」です。知性は「私」の鞘にすぎず、真の「私」ではありません。

さらに探究を続けてゆくと、「この『私』とは誰か?」「『私』はどこから湧き起こるのか?」という問いが起こります。

眠りの中では、「私」は気づいていませんでした。眠りの中に「私」が現れるとともに、夢見あるいは目覚めへと移行してゆきます。しかし、夢見の状態についてはさておくとして、今、この目覚めの状態にある「私」とは誰なのでしょうか? もし「私」が眠りから生じたのだとすれば、その「私」は無知に包まれているはずです。そのような無知な「私」が、聖典や聖者が

「私は眠りをも超越する」と語る「私」だとは言えません。

「私」とは、「今ここ」に在るべきものです。そして、「私」は眠りや夢見の質を持たないにもかかわらず、眠りや夢見の間にも存在していたのです。それゆえ、「私」とは目覚め、夢見、眠りの三つの状態の根底に存在する完全なる基盤であるに違いありません。簡潔に言えば、「私」とは真我ではないすべてを否定し続けたあとに残るものであり、それが真我である「存在―意識―至福」なのです。

「私は誰か?」と探究することの真意は、自我の源を探し出すことであり、「私は身体ではない」といった他のことを考えることではありません。「私」の源を探ることが、他のすべての想念を払い去ります。他の想念が入る余地を与えてはいけません。想念が起こるたびに、「この想いは誰に起こったのか?」と尋ねることで、「私」という想念の源を見いだすことに注意を集中させなさい。そして、その答えがまた新たな想念を招くなら、「この私とは誰か?」と尋ねることによって探究を続けなければならないのです。

心とは想念の束です。すべての想念の根源は「私」という想念です。それゆえ、この「私」とは誰かを見いだそうとすれば、心は消え去るでしょう。

自分自身に「私は誰か？」と尋ねなさいという教えは、「あなた自身の中で『私』という想念が現れ出す場所に注意を集中させなさい」ということを意味しています。つまり、「真我は外側ではなくあなたの内側にあるため、外側へと出て行く代わりに内面に潜り込みなさい」ということです。あなた自身に向かっていくことよりも簡単なことなどあるでしょうか？

「私は誰か？」という探究とは、身体の中のどこから「私」という想念が現れるのかを探し求めることです。「私」という想念はすべての想念の根源であるため、もしこの探究に集中すれば、すべての想念は破壊され、真我だけが永遠に残ります。あなたはそれによって新しい何かを得るわけでもなければ、未知の場所に到達するわけでもありません。真我を覆い隠していたすべての想念が取り払われ、ただ真我だけが自ら輝き出すのです。

一人称の「『私』は身体だ」という形態を取った自我が存在して初めて、二人称や三人称（あなた、彼、彼らなど）が現れます。もし一人称の実体を精細に調べていくなら、一人称は破壊され、二人称、三人称も消え去り、自己の本性である真我の境地が輝き出すでしょう。

「私はこの血と肉でできた身体だ」という想念の糸に、他のさまざまな想念が結ばれています。それゆえ、「この『私』はどこにあるのか？」と内面深く探っていけば、「私」という想念を含めたすべての想念は死に絶え、真我の知識がおのずと輝き出すのです。

私たちが内面に向かい、「私は誰か？」と尋ねるときのその「私」とは自我のことです。真我探究をするのも、ただ自我だけがするのです。真我に真我探究はありません。探究をするのは自我なのです。探究されるのもやはり自我です。そしてその探究の結果、自我はその存在を消し去り、ただ真我だけが存在することが見いだされるのです。

「私は誰か？」という問いの真意は、「自我の源はどこにあるのか？」「自我の本性とは何か？」ということです。そのために必要なのは、ただ「自分はこのような名前を持った、このような姿の身体だ」という観念を放棄するだけです。あなたの真の本性は常に「あるがまま」に在ります。それが実在です。

「私」という想念は霊魂のようなものです。目には見えませんが、身体とともに立ち現れ、成長し、身体とともに消え去ります。身体意識が偽りの「私」なのです。この身体意識を棄て去りなさい。それは「私」の源を探ることによって為されます。身体が「私」を主張することはありません。「私は身体だ」と言うのはあなたです。この「私」とは誰かを見いだしなさい。自己存在の源を探ることによって、それは消え去るのです。

あなたが真剣に真我探究をするときに起こることとは、「私」という想念が消え去り、探究を始めた「私」ではなく、深淵から別の何かが現れ、あなたをつかむのです。それが「私」の真意である真我です。それは自我ではありません。それは「至高の存在」そのものです。

修練とは、自我の根源である「私」をたゆまず探究し続けることです。「私は誰か?」、それを見いだしなさい。純粋な「私」が実在であり、絶対的な「存在—意識—至福」です。「それ」が忘れられたとき、あらゆる不幸が起こります。「それ」をしっかりととらえれば、不幸がその人に影響を与えることはなくなるのです。

「私」という想念と呼吸の源

呼吸と心は同じ場所から起こります。そして、それらの内の一方が制御されたとき、もう一方も制御されます。実際のところ、ただ単に「私は誰か?」というよりも「私はどこか?」の方がより正確である探究の方法は、単に「私たちは身体ではない、感覚器官ではない……」と消去してゆき、その最後に残る究極の真理に達しようとしているのではなく、私たちの内側のどこから自我としての「私」という想念が現れるのかを見いだそうとしているのです。呼吸の観察は、暗にその方法を含んでいます。すべての想念の根本である「私」という想念がどこから湧き起こるのかを見るとき、「私」という想念と呼吸は同じ源から現れるため、必然的に呼吸の源も見ることになるのです。

心の源を探しなさい

心の助けによってのみ、心を殺すことができるのはよく知られ、認められていることです。しかし、そこに心が存在すると想定し、それからそれを殺したいというよりも、まず心の源を探究しなさい。すると、心などまったく存在していなかったことを発見するでしょう。外側に向いた心は、想念や対象物を生み出します。内面に向かえば、心そのものが真我となるのです。

人々はどのように心を制御すべきかと尋ねます。私は彼らに言います。「心を見せてみなさい。そうすれば何をすべきかがわかるでしょう」と。心とは想念の束にすぎません。どうしてそれを思ったり望んだりすることで、消滅させることができるでしょうか？　あなたの想念も欲望も、心の一部分なのです。新たな想念が湧き上るごとに心は肥えていきます。それゆえ、心によって心を殺そうとするのは、ばかげているのです。心を殺す唯一の方法は、その源を見いだして、そこにとどまることです。そうすれば、心はひとりでに消え去るでしょう。源とは神、真我、あるいは意識とも呼ばれるものです。

心は「私」という想念が現れたあとに生じます。「私」という想念が根本の想念です。「私」という想念の源を探究しなさい。為すべきことはそれだけです。宇宙は「私」という想念が原因で存在しています。「私」という想念が消え去れば、不幸もまた終わります。偽りでしかない「私」という想念は、ただその源を探ることによって消滅するのです。

「見る者」を見なさい

人々は世界を見ます。「知覚している」ということ自体が、「見る者」と「見られるもの」の存在を示唆しています。対象は見る者とは異質のものですが、見る者は自分に親しい真我です。しかし、人々はこの明白な見る者の存在に注意を向けることもないまま、見られるものについて調べ、分析するのです。心が拡大すればするほど、それは遠く離れていき、真我実現への道をより困難に、複雑にしてしまいます。人は真っ直ぐに「見る者」を見ることによって、真我を実現しなければならないのです。

見る者なしには見られるものも存在しません。「見る者」を見いだしなさい。創造は見る者の中に含まれているからです。

「私は誰か?」と探究すれば、あなたは「見る者」を理解するでしょう。そうすれば、「見られるもの」に関するすべての問題は完全に解決されるのです。

あなたはあなた自身を主体あるいは見る者と見なし、あなたが注意を固定させた場所は見られる対象となります。これは単なる精神的なイメージにすぎません。「見る者」自身を見なさい。そうすれば、あなたは真我の中に融合し、それと一つになります。それがハートです。

人は真我から分離した自分の身体や世界を見ることはありません。いつも真我として在りながら、人はそれ以外のすべてを見ています。神も世界もすべてはハートの中にあるのです。

「見る者」を見なさい。そうすれば、すべてが真我であることがわかるでしょう。あなたの視点を変えなさい。内側を見なさい。そして真我を見いだしなさい。主体と対象の根底にある者、それは誰でしょうか？　それを見いだしなさい。そうすれば、すべての問題は解決するのです。

あなたは見る者なのです。ただ「見る者」として在りなさい。その他に見るべきものなど何があると言うのでしょう？

「見られるもの」が完全に消え去るまで「見る者」を探しなさい。そうすれば、相対的な見る者はより希薄になり、最後には絶対的な見る者だけが残ります。この過程は「対象としての世界の消滅」と呼ばれます。

ジーヴァ※（個人、個我）がジーヴァと呼ばれるのは、ジーヴァが「世界を見る」からです。夢を見る人は、夢の中で大勢のジーヴァを見ます。しかし彼らは皆、実在ではありません。ただ夢見る人だけが存在し、そのすべてを見ているのです。個人や世界についてもそれは同じことです。

「一なる真我」という教えがあり、それは「一なるジーヴァ」という教えとも呼ばれています。その教えは、「世界全体とその中にいる大勢のジーヴァを見ているのは、ただ一人のジーヴァである」と説いているのです。ですから、ここで言われるジーヴァとは真我のことです。しかし、真我は「見る者」ではありません。* それでも、ここでは「世界を見る」と言われています。それゆえ、見る者はジーヴァとして区別されるのです。

＊ **真我は「見る者」ではありません**：主体である「見る者」と対象である「見られるもの」があるとき二元性がある。相対的な「見る者」は自我で、絶対的な「見る者」が真我である。ここで言われている「見る者」は、知覚の主体であるジーヴァを示している。

主体を見いだしなさい

真我は対象よりも親しいものです。まず主体を見いだしなさい。そうすれば対象はそれ自身の面倒を見るでしょう。対象は各個人のさまざまな観点にしたがって見られます。それによって、さまざまな理論が展開していきます。しかし、それらの理論を認識するのは誰でしょうか？　それはあなたです。あなたの真我を見いだしなさい。そうすれば、心はさ迷うことをやめるでしょう。

純粋な気づきの中にとどまりなさい

私たちの感覚や心によって知覚されたことはけっして真理ではありません。目が見ていることは皆、精神的創造にすぎないのです。その視野が誰に起こるのかを調べなさい。誰がそれを目撃しているのかを見いだしなさい。すべての想念を離れ、純粋な気づきの中にとどまりなさい。その状態から動いてはなりません。

人は「存在」を愛しています。なぜなら、それは永遠の気づきであり、それが彼自身の真我だからです。では、なぜ今、身体の中にいながらも純粋な気づきをとらえ、すべての恐れから自由にならないのでしょうか？

あなたは気づきです。気づきとはあなたのもう一つの名前なのです。あなたが気づきなのだから、それを得たり、培ったりする必要はありません。あなたがしなければならないことは、真我でない他の物事に注意を払うのをやめることだけです。もしそれらに気づくのをやめれば、純粋な気づきだけが残ります。それが真我です。

眠りから目覚めへの移行時の「私」

眠りは無知だと言われています。しかし、それは目覚めの状態で一般に受け入れられている誤った認識でしかありません。実際は、目覚めの状態こそが本当の無知であり、眠りの状態は完全な知識なのです。

真我とは眠りの状態における純粋意識です。それは眠りから目覚めへの移行時に、「これ」という想いのない「私」へと展開し、目覚めてから「私」と「これ」としてそれ自身を現します。個人の体験は「私」という媒介のみを通して得られます。それゆえ、探究者は眠りから目覚めへの移行時における「私」という媒介を、真我実現の標的とすべきです。そうでなければ、眠りの体験は彼にとって何の意味も持たないでしょう。しかし、もし移行時の「私」が認識されれば、根底にあるものも見いだされ、それが真我実現へと導くのです。

移行時における「私」は純粋です。なぜなら、「これ」は抑えられてまだ現れず、「私」が優占しているからです。なぜその純粋な「私」は、今この瞬間に認識されないのでしょうか？　なぜ私たちはそれを想い出そうとさえしないのでしょうか？　なぜなら、それを知ろうとする意志が欠けているからです。もし純粋な「私」に意識を向けさえすれば、それは認識されるでしょ

郵便はがき

料金受取人払郵便

神田局承認

1916

差出有効期間
2025年7月
31日まで
切手を貼らずに
お出しください。

101-8796

509

東京都千代田区神田神保町3-2
高橋ビル2階

株式会社 ナチュラルスピリット

愛読者カード係 行

フリガナ		性別
お名前		男・女
年齢	歳	ご職業
ご住所	〒	
電話		
FAX		
E-mail		
ご購入先	□ 書店（書店名:　） □ ネット（サイト名:　） □ その他（　）	

ご記入いただいたお名前、ご住所、メールアドレスなどの個人情報は、企画の参考、アンケート依頼、商品情報の案内に使用し、そのほかの目的では使用いたしません。

ご愛読者カード

購読ありがとうございました。このカードは今後の参考にさせていただきたいと思いますので、
ンケートにご記入のうえ、お送りくださいますようお願いいたします。
社では、メールマガジン「ナチュラルスピリット通信」（無料）を発行しています。
登録は、小社ホームページよりお願いします。**https://www.naturalspirit.co.jp/**
新の情報を配信しておりますので、ぜひご利用下さい。

お買い上げいただいた本のタイトル

◆この本をどこでお知りになりましたか。
1. 書店で見て
2. 知人の紹介
3. 新聞・雑誌広告で見て
4. DM
5. その他（　　　　　　　　　　　　　）

◆ご購読の動機

◆この本をお読みになってのご感想をお聞かせください。

◆今後どのような本の出版を希望されますか？

購入申込書

と郵便振替用紙をお送りしますので到着しだいお振込みください（送料をご負担いただきます）

書　籍　名	冊数
	冊
	冊

◆弊社からのDMを送らせていただく場合がありますがよろしいでしょうか？

□はい　□いいえ

う。それゆえ、努力をして意識的にそれを達成すべきなのです。

眠りから目覚めたとき、そして世界に気づくようになる寸前、そこには純粋な「私―私」が在ります。眠ることなく、あるいは想念が起こるのを許すことなく、それをとらえなさい。もしそれをしっかりととらえたなら、世界が見えたとしても問題はありません。見る者は現象の影響を受けずに済むのです。

眠りの中には時間も空間もありません。時間と空間は「私」という想念が立ち現れたあとに初めて現れる概念だからです。「私」という想念が立ち現れる前は、何の概念も存在していませんでした。それゆえ、あなたは時空を超えているのです。「私」という想念は、単に限定された「私」でしかなく、真の「私」は時空を超えた無限で普遍なるものです。時間と空間は眠りの中には存在しません。眠りから目覚めた瞬間、対象世界を目にする直前、そこにはあなたの純粋な真我である「気づき」の状態があります。それが知られなければならないのです。

目覚めの瞬間の純粋な「私」をとらえなさい。必要なのは、想念が起こる前の純粋な「私」に注意を固定させ、それを手放さないことです。なぜなら、純粋な「私」が真我だからです。

対象物との同一化

絶対的な真我が存在します。そして、炎から火花が飛び散るように、真我から閃光が発せられます。この閃光が自我と呼ばれるものです。無知な人の場合、自我は現われると同時に、それ自身を一つの対象物と同一化します。それは対象物との関わりに依存せずには存続することができません。この関わり合いが無知であり、その破壊が私たちの努力の目標です。もし対象物との同一化の傾向がなくなれば、自我は純粋なままとどまり、源へと融け去ります。身体との誤った同一化が「私は身体だ」という観念です。良い結果が現れる前に、まずこの観念が去らなければなりません。

二つの想念の合間

純粋な形態の「私」は、二つの状態あるいは二つの想念の合間に体験されます。自我はまず一点をつかんでおいてからもう一点を離れる尺取り虫のようなものです。その真の本性は、対象物あるいは想念との接触を断ち切られたときに明らかになるのです。

客観的な世界は主観的意識の中にある

不幸は対象物を知覚することによって起こります。もし知覚されるものがなければ、それによって引き起こされる想念もなく、不幸も一掃されるでしょう。

「どうすれば対象物が消え去るのか?」が次の問題です。聖典や聖者は、「対象物はただの精神的創造物にすぎない」と言っています。それらは実質的な存在を持たないのです。物質を調べてみなさい。そして、この声明の真実性を確かめなさい。すると、「客観的な世界は主観的意識の中にある」という結論に達するでしょう。それゆえ、真我こそが世界に浸透し、それを包み込む唯一の実在なのです。そこに二元性は存在せず、それゆえあなたの平和を妨げる想念も起こりません。これが真我実現です。真我は永遠であり、その実現もまた永遠のものです。

世界の消滅

「見られるもの」である対象としての世界が排除されないかぎり、真理は実現できません。「見られるもの」の排除とは、主体と対象という分離を排除することです。対象は実在ではありません。(自我をも含めた)目に見えるものすべてが対象なのです。対象である非実在を排除すれば、実在が残ります。ロープが蛇に見間違えられたとき、真実を悟るには、蛇という誤った知覚を排除するだけです。そのような排除なしに、真理を悟ることはできません。

対象としての世界の消滅は、対象に対する主体、つまり心が排除されたときに完結します。心が主体と客体の創造者であり、二元的概念の起こる原因だからです。それゆえ、心は「自分は限定されている」という誤った観念によって起こる不幸の原因でもあるのです。

真我実現への進歩の度合い

想念の不在の度合いが、真我実現への進歩の度合いを示します。しかし、真我実現自体は進歩というものを認めません。それが変わることはけっしてありません。真我は常に実現されているからです。障害は想念だけであり、進歩の度合いは「真我は常に実現されている」という理解への障害をどの程度取り除いたかによって知られるのです。それゆえ、「想念は誰に起こるのか?」と探究することによって、想念を止めなさい。源に向かいなさい。そこでは想念は起こらないのです。

想念

私は「想念を拒絶し続けなければならない」とは言っていません。あなた自身、つまり「私」という想念をとらえなさい。あなたの関心がその一つの想念に絞られたとき、他の想念は自動的に拒絶され、消え去るでしょう。

しばらくの間は、想念の拒絶も必要となるかもしれません。「想念が起こるたびに拒絶していくことにはきりがない」とあなたは想像しています。それは真実ではありません。終わりは来るのです。もし油断なく、想念が起こるたびに拒絶するよう断固とした努力を続ければ、すぐにも内なる自己の中へ深く、より深く入って行くのがわかるでしょう。この段階に到達すれば、想念を拒絶する努力は必要なくなります。

精神集中をしようとすると、あらゆる想念が起こって邪魔をします。努力すればするほど多くの想念が湧き起こります。それは、内側にあるすべてのものが出てこようとするからです。心がさ迷い出るたびに連れ戻し、真我にとどめる以外に方法はないのです。

空白状態は心を探究する上で起こる悪い結果です。心はその根と枝を断ち切らなければなりません。「考えているのは誰か?」「探究しているのは誰か?」と尋ねなさい。そして、考える者、探究する者としてとどまりなさい。そうすれば、すべての想念は消え去るでしょう。

疑問を抱く人と彼の存在の源が見いだされたとき、初めてすべての疑問はやみます。疑問を取り除くことは助けになりません。たとえ一つの疑問を取り除いても、別の疑問が起こってくるからです。それでは、疑問は際限なく起こり続けるでしょう。しかし、もし疑問を抱く人の心の源を探究することによって、疑問を起こす人が実は存在しないことが見いだされたならば、そのときすべての疑問はやむのです。

心の破壊

深い眠りの中では、心は沈み込んでいても破壊されてはいません。沈み込んだものはふたたび現れてきます。それは瞑想の中でも起こりえることです。しかし、ひとたび心が破壊されれば、ふたたび現れることはありません。瞑想者の目標は心を破壊することであって、心を一時的に停止した状態の中に沈潜させることではないのです。瞑想の静寂の中で、心が一時的に停止した状態は継続しますが、それはじゅうぶんではありません。心を破壊するためには別の修練の補助を得なければならないのです。

ある人々は取るに足らない考えを抱きながらサマーディ※に入り、長い時を経たあとに同じ想念の流れとともに目を覚ましました。その間、世界では何世代もの時が経っていたのです。そのような瞑想者は心を破壊してはいません。心の破壊は、心が真我と一つであることを認識することによって為されます。たった今でさえ、心は真我から離れては存在しないのです。認識しなさい。日々の活動の中でこそ、それを認識するときです。活動は自動的に続いて行きます。心が活動を促していると考えるのは真理ではありません。「心は真我から現れた幻影でしかない」ということを知りなさい。心はこうして破壊されるのです。

自ら輝く真我に目を向ける

真我は死んだ心、つまり想念のない内側に向かった心によって実現されます。そのとき心はそれ自身の源を見て真我となるのです。それは主体が客体を知覚するような状態ではありません。部屋の中が暗いときは、照明と対象物を認識する目が必要ですが、太陽を見るのにランプは必要ありません。ただ振り向いて、自ら輝いている太陽に目を向けるだけです。

それは心《マインド》にとっても同じことです。対象物を見るときは、心から反映された光が必要となりますが、ハートを見るには、心をそれに向けるだけでじゅうぶんです。そうすれば心は消え失せ、ハートが輝き出すでしょう。

「私、私、私」

何の仕事をしていようと、座っていようと、立っていようと、歩いていようと、いつも心の中で「私、私、私」と言い続けなさい。「私」とは神の名前です。それは最も偉大な原初のマントラです。「オーム」でさえ「私」のあとに生じたのです。

「私」という想念は純粋ではありません。それは身体や感覚と結びついて穢れています。誰にとっての問題なのかを見なさい。「私」という想念にとってです。それをとらえなさい。そうすれば他の想念は消え去るでしょう。「私、私、私」と考えなさい。他のすべての想念を排除して、その一つの想念だけをとらえるのです。

疑いから自由になりなさい

あなたはすでに真我です。それゆえ、実現はすべての人にとって共通のものです。実現に関しては、それを熱望する人の間にいかなる違いも差もありません。「私は実現できるだろうか?」という疑いや「私はまだ実現していない」という感覚自体が障害なのです。それらからも自由になりなさい。

「彼方なるもの」にすべてをまかせる

偽りの「私」を消し去る必要などありません。どうして「私」がそれ自身を消去できると言うのでしょう？　あなたが為すべきこととは、その源を見いだして、そこにとどまるだけです。努力によって到達できるのはそこまでです。そのあとは、「彼方なるもの」(the Beyond)にすべてをまかせるだけです。そこでは、あなたは無力です。努力でそこに到達することはできないからです。

真我を求めて深く深く探ってゆくと、真我はそこであなたを包み込もうと待っています。そのとき起こることは何であれ「彼方なるもの」によって為され、そこではあなたはただ無力です。

心を真我の中に固定させる

心が外側に向くたびに内側へと取って返し、真我に固定させる以外、成功する方法はありません。瞑想やマントラや称名などは必要ありません。なぜなら、それらは私たちの真の本性*だからです。必要なのは、真我以外の物事について考えるのを放棄することだけです。瞑想とは、真我について考えることよりも、真我ではないものについて考えるのを放棄することにあります。あなたが外側の物事について考えることを放棄し、心を内に向けることで外に向かうのを防ぎ、真我の内に固定させれば、ただ真我だけが残るのです。

＊それらは私たちの真の本性：バガヴァーンは、「あなたが現在している修練が何であれ、真我実現したとき、その修練自体が私たちの本来の状態であることを知るのです」「瞑想はあなたの本来の状態です」「真我実現すれば、今称えているマントラは、ハートの中で努力なしに永遠に称えられていることを知るでしょう」と説いている。

心を真我だけに集中させることが、幸福あるいは至福へと導きます。想念を内側に引き込み、外側に向かうのを引き止めることは、放棄と呼ばれます。心を真我の中に固定させることが修練です。ハートに集中することは、真我に集中するのと同じことです。ハートとは真我のもう一つの名前なのです。

真我の中に確立されればされるほど、想念はひとりでに落ちていきます。心とは想念の束にすぎません。すべての想念の根本は「私」という想念です。その「私」がどこにあり、どこから湧き起こるのかを見れば、すべての想念は真我の中に融け去ります。

ただ実在だけを想い続ける

現在、非実在は一つの強迫観念となっていますが、実在こそが私たちの真の本性です。私たちは誤って想念や世俗の活動といった非実在なるものを追及しています。これらをやめることが真理を顕わにします。私たちの努力はそれらを締め出すことにあり、それはただ実在だけに気づきを向けることによって為されるのです。

強烈な確信

「私は心と世界という現象を超越した真我である」という強烈な確信が必要です。

無限の意識空間

「私は在る」（I AM）として広がり輝く無限の意識空間に絶えず注意を集中しなさい。

瞑想と真我探究

想念があるとき、それは散漫であり、想念がないとき、それが瞑想です。しかしながら、瞑想とはただの修練でしかなく、真の平安の境地とは異なります。

自分自身を「存在─意識─至福」として輝く「至高の実在」だと精神的に想像することが瞑想です。非実在の迷妄の種子が途絶えるように、心を真我の内にとどめることが真我探究です。

どのような瞑想でもかまいません。分離の感覚が消えうせ、瞑想の対象あるいは瞑想する主体だけがあとに残り、他に何も知るべきことがなくなったなら、それが真我の知識です。

真我探究をする人は、自己の存在を認めなければなりません。「私は在る」（I AM）が実現です。それを手がかりに探究し続けることが真我探究です。探究と実現は同じものなのです。瞑想は瞑想する対象を必要とします。一方、真我探究に対象はなく、主体だけがあるのです。瞑想と真我探究が異なるのはこの点においてです。瞑想はある対象に精神を集中させます。それはさ迷う心を一つの想いだけにとどめるという目的を果たします。その一つの想いもまた実現の前に消え去らなければなりません。しかし、実現は新たに獲得されるようなものではありません。それはすでにそこに在るのです。ただ想念に覆われて妨げられているだけです。私たちの試みは、ただこの覆いを取り去ることだけです。そうすれば実現は明らかになります。

もし真理の探究者が瞑想するように勧められれば、誰もがそのアドバイスに満足して立ち去ることでしょう。しかし彼らの中には、「対象に瞑想するその『私』とは誰なのか？」と尋ねる人がいるかもしれません。そのような人こそ、真我探究をするように告げられるべきです。これこそが究極の修練である真我探究です。

想念が煩雑であるかぎり、努力は必要となるでしょう。あなたが他にもさまざまな想念を抱いているため、一つの想念を保ち続けることを瞑想と呼ぶのです。それが努力のない自然な状態となったとき、あなたは瞑想が自己の本性であることを知るでしょう。

瞑想とは一つの想念だけを想い続けることです。その一つの想念が他のすべての想念を遠ざけます。心の散漫は精神力の弱さの兆候です。たゆみなく瞑想を続けることによって心は力を得ていきます。すると移り変わりやすい心の弱さが、その背後にある恒久的な無心状態に場を明け渡すのです。この無心の広がり、純粋な心が真我です。

瞑想とは何でしょうか？　それは想念を追い払うことです。あなたは次から次へと湧き起こる想念に混乱させられています。一つの想念だけをつかみ取りなさい。そうすれば、他の想念は追い払われるでしょう。修練を継続することが、瞑想をするための必要な力を与えてくれます。

瞑想は探究者の熟達の程度にしたがって異なります。もし適した人なら、彼は直接に思考する者をとらえるでしょう。そうすれば、思考者は彼の源である純粋意識の中へと沈みゆくでしょう。もし思考者を直接とらえることができない場合は、神に瞑想しなければなりません。そうすることで、やがて個人はじゅうぶん純粋になり、思考者をとらえて絶対なる存在の内に沈み入るでしょう。

サマーディ

目を閉じたままのサマーディは確かに良いものですが、行為と無為が対立しない状態に達するまで、さらに進まなければなりません。活動によってサマーディを失うことを恐れるなら、それは無知のしるしでしかありません。サマーディは誰にとっても自然な生活の根底であるべきです。

そこには私たちの努力や無努力を超えた状態があります。それが理解されるまで、努力は必要です。一度でもそのような至福を体験すれば、繰り返しそれを得ようと試みるようになるでしょう。平和の至福をひとたび体験すれば、誰もそこから出て他のことに関わりたくなどなくなります。無知な人にとっては想念から自由になることが難しいように、真我の知識を得た賢者にとっては、想念を起こすことが難しいのです。

三　真我実現の障害

ヴァーサナー

想念とは無数の過去世において蓄積されたヴァーサナー（心の潜在的傾向）でしかありません。それを消滅させることが目標です。ヴァーサナーから自由になった状態が原初の状態、純粋で永遠なる状態です。

ヴァーサナーには二種類あります。

(1) 無知な人に束縛を与えるヴァーサナー

(2) 賢者に喜びを与えるヴァーサナー

後者は実現の障害とはなりません。喜びを与えるヴァーサナーは実現を妨げず、至福の境地を乱されることなくこの世の物事を見ることができます。それゆえ、束縛をもたらすのは執着心だけです。執着心が束縛であり、自我が消滅したとき、執着心も消え去るのです。

快楽や苦痛は心の相でしかありません。私たちの真の本性は幸福です。しかし、私たちは真我を忘れて身体や心が本当の自分だと見なしています。不幸が起こる原因は、この誤った自己同一視にあるのです。では、どうするべきでしょうか？　このヴァーサナーは非常に古く、無数の過去世を通して続いてきたため、非常に強固なものになってしまいました。真の本性、つまり幸福が現れ出る前に、このヴァーサナーが消え去らなければなりません。

ちょうど海に流れ入った川が、その個としての存在を失い、蒸発して雨水となって丘に降り注ぎ、やがて川となって海へと流れ着くように、眠りに就いた個人もその個としての存在を失いますが、過去のヴァーサナーによって、目覚めの世界にまた個人として連れ戻されます。それと同じで、死においてさえ存在は失われないのです。

真我がハートの中にあり、ヴァーサナーも極度に微細な姿でそこにあることは明らかです。ヴァーサナーがハートから投射されると、それは真我の光を受け、それとともに人は思考し始めると言われています。ハートの中に原子サイズの状態で潜んでいるヴァーサナーは、ハートから脳へ続く経路を通る間に拡大されます。脳はヴァーサナーのイメージが投影されるスクリーンであり、それらの働きを分配し、配給する場でもあります。それゆえ、脳は心《マインド》の座であり、心は脳を通して働くのです。

「世界は心以外の何ものでもなく、心はハート以外の何ものでもない。それが全真理である」と言われています。それゆえ、ハートはすべてを包含しているのです。その源はいかなる次元も、規模も、領域も持たない点です。それは一方では宇宙として拡張し、もう一方では無限の至福として拡大します。その点が中心点です。そこから一つのヴァーサナーが現れ、体験者である「私」、体験、世界として拡大していくのです。

心がハートの中に沈まないのは、ヴァーサナーが障害となっているからです。それはプラーナーヤーマ、あるいは賢者との交際によって取り除かれます。実際、心は常にハートの中にありますが、ヴァーサナーのせいで落ち着きなくうろつきまわるのです。それゆえ、ヴァーサナーが作用しないようにすれば、心は安らぎ平和になるでしょう。

何の行為もせずに、途切れることなく瞑想し続けようと試みたところで、それは不可能です。ヴァーサナーがあなたにそうするのを許さないからです。瞑想は、師の恩寵によって徐々にヴァーサナーが弱められながら、段階的に深まっていくものなのです。


努力も選択もない純粋な気づき、それが私たちの本性です。もしそれを達成できるなら、あるいは今、その状態に在るのなら、それでいいでしょう。しかし、意図的な瞑想の努力なしにそれに達することはできません。何世にも渡って蓄積されてきたヴァーサナーが、心を外に連れ出し、外的な対象物に向かわせるからです。そのような想念はすべて放棄し、心を内側に向けなければなりません。それゆえ、ほとんどの人にとって努力は必要です。もちろん誰もが、そしてあらゆる本が、「ただ静かに在りなさい」と言います。しかし、それはたやすいことではありません。だからこそ、あらゆる努力が必要となるのです。

たとえ師から「ただ静かに在りなさい」と言われただけで、即座に至高の静寂の境地に達した人がいたとしても、それはただ、その人が為すべき必要な努力を、すべて過去世で済ませたからにすぎないのです。

心は想念として現れた潜在的なヴァーサナーの力によって外側へとさ迷い出ることが習慣となっています。ヴァーサナーが内側にあるかぎり、そのすべてが使い果たされるまでは外側へ出て行こうとするでしょう。想念が心を構成しています。「心とは何か？」と探究すれば、想念は退き、それが真我から立ち現れることがわかるでしょう。私たちが心と呼んでいるものは想念の集まりです。「想念は真我から起こる」ということを認識して、その源にとどまれば、心は消え去ります。心が消え去ったあとに、ひとたび平和の至福が体験されれば、現在想念を払い去ることが難しいのと同じように、想念を起こすことが難しくなるでしょう。

聖典を学び、研究しても、ヴァーサナーが心の中に潜在しているかぎり、実現を達成することはできません。聖典を学ぶこと自体がヴァーサナーです。実現はサマーディの中にのみあるのです。

自我、世界、個人はすべて個人のヴァーサナーゆえに現れ、ヴァーサナーが消え去れば個人が見ていた幻影も消え去ります。つまり壺が壊れたとき、その中の水の反映も消え去るのです。

ヴァーサナーを根絶する方法

意識的であれ無意識的であれ、誰もが真我を体験しています。無知な人の体験はヴァーサナーによって曇らされています。一方、真我実現した賢者の体験は明確で永久的なものなのです。

探究者は長い修練によって実在の一瞥を得るかもしれません。この体験はある期間は生き生きとしたものかもしれません。それにもかかわらず、古いヴァーサナーに心を乱されてしまいます。それゆえ、その体験は助けにならないのです。そのような人はすべての障害が破壊されるまで「真理に黙想すること」と「精神を真理に集中させること」を続けなければなりません。そうしたとき、真の境地に永久にとどまることができるようになるのです。

体験には一時的なものと永久的なものがあります。最初の体験は一過性のものですが、それは集中を通して永久的なものとなります。体験が一時的だったのは束縛が完全に破壊されていなかったからです。それは微妙な形で残り、やがて再主張するようになります。しかし永久的な体験では束縛の根本が破壊し尽くされたため、ふたたび現れることはありません。

すべてのヴァーサナーが根絶されないまま得られた体験は、定着することができません。ヴァーサナーを消滅させるためには努力が必要です。すべてのヴァーサナーが根絶されたときにのみ、知識は揺るぎないものとなるのです。

火は呪文などの方法で身を守る人を焼くことはできませんが、そうでない人は焼いてしまいます。同じように真我はヴァーサナーに覆い隠されていますが、ヴァーサナーがなくなれば顕わになるのです。ヴァーサナーの変化変動ゆえに、真我の知識は確立されるまで時間がかかります。確立されていない真我の知識に、輪廻転生を止めるだけのじゅうぶんな力はありません。ヴァーサナーがあるかぎり、真我の知識は不動となりえないのです。

確かに偉大な師の臨在のもとに在れば、ヴァーサナーは活動を止め、心は鎮まり、サマーディは起こるでしょう。それは何かの方法で火に焼かれずに済むようなものです。

こうして弟子は師の臨在のもとで真の知識と正しい体験を得ます。その中にとどまるには、さらなる努力が必要とされます。最終的に、彼は「それ」が自己の真の存在であることを知り、生きながらに解脱するでしょう。

『カイヴァリヤ・ナヴァニータム』という聖典にはこう述べられています。

すべてに輝き渡る、完全な、一なる「存在―意識―至福」の境地を実現した弟子は、師に自身を明け渡したあとで「どうすれば師の御恩に報いることができるでしょうか」と謙虚に尋ねた。

師　あなたが不変の完全な至福にとどまるなら、それが私への報いとなる。その境地から滑り落ちてはならない。

弟子　至高の至福を一度体験しながら、どうしてそこから落ちることができると言うのでしょう？

師　おお、もちろんそれは起こる。はるか昔からあなたに付着し続けてきたヴァーサナーが、あなたをその境地から引きずり降ろし、そして無知が取りつくのだ。

弟子　完全な至福に確実にとどまることを何が妨げるのでしょうか？

師　障害は、(1)自己の「純粋な存在」を忘れるという無知。(2)その体験が真実だったのかどうかと疑い始めること。(3)「私は身体だ」、「世界は実在だ」という誤った概念を起こすことにある。それは真理を聞き、それについて黙想し、真理のみに集中することで克服されるのだ。

「直接体験によって得られた知識が、のちに失われることはある」と『カイヴァリヤ・ナヴァニータム』は述べています。

ヴァーサナーが消滅したあとに幻影が続くことはありません。ブラフマンとの自己同一性の知識を得てからヴァーサナーが消滅するまでの間では、幻影は現れるでしょう。すべてのヴァーサナーが根絶されないまま得られた体験は確固としたものにはなりません。ヴァーサナーを消滅させるためには、さらなる努力が必要となります。さもなければ、死後の再誕生は避けられないでしょう。ある人は、直接体験は師から「真理を聞くこと」で起こると言います。ある人は、「真理に黙想すること」によって得られると言います。また別の人は、「精神を一点に集中させること」、あるいは「サマーディ」によって得られると言います。表面的にはそれらは異なって見えますが、最終的には同じことです。すべてのヴァーサナーが根絶されたあとにのみ、知識は揺るぎないものとなるのです。

「私は身体ではない」と油断なく覚えていることと、「真理を聞くこと」によって得られた直接的体験を固守することでヴァーサナーは抑制されます。そして「真理に黙想すること」と呼ばれる修練が、ヴァーサナーを消し去ります。そうして初めてサハジャ・サマーディの境地が開かれるのです。それが真我の知識です。

師から真理を聞いても理解が確立されないのは、サンスカーラ※（生来の精神的傾向）がいまだに破壊されていないからです。サンスカーラが消え去らないかぎり、疑いと混乱は続くでしょう。すべての努力はこの疑いと混乱を排除することに向けられています。そうするためには、その根を断ち切らねばなりません。その根がサンスカーラなのです。師から指導された修練によって、サンスカーラは効力を失います。探究者が自分自身の努力で無知が存在していないことを見いだせるように、師はそれを探究者の手にまかせます。

「真理を聞くこと」が最初の段階です。もし理解が確立されていないときは、「真理に黙想すること」と「精神を真理に集中させること（ニディディアーサナ）[※]」が為されなければなりません。この二つの過程がサンスカーラの種子を焼き尽くし、効力を失わせるのです。幾人かの非凡な人たちは真理を一度聞いただけで、揺るぎない知識を得ます。彼らは熟達した探究者たちです。熟達していない探究者には長い期間が必要となるでしょう。

真我実現は用意の調った人だけに可能なものです。真我の知識が現れる前に、ヴァーサナーが消滅しなければなりません。そのためには、真理のためにすべてを犠牲にする用意がなければなりません。完全な放棄が、用意の調ったしるしなのです。

前世で蓄積されたヴァーサナーを排除することはできます。多くの人たちがそれを成し遂げたのです。信じなさい！　彼らがそうできたのは、できると信じたからです。ヴァーサナーは消し去ることができます。それはヴァーサナーの核でありながら、ヴァーサナーから自由な「それ」に気づきを集中させることによって排除できるのです。

あなたが本来の自己として在るなら、ヴァーサナーはおのずと焼き尽くされるでしょう。

第三章　明け渡し

真我探究と明け渡しは一つ

起こる運命にあることは起こります。それは避けられません。しかし運命を克服する、あるいは運命に依存しない方法が二つだけあります。一つは、この運命が誰にとってのものなのかを探究し、運命に束縛されているのは、真我ではなく自我だけであって、自我は存在しないということを発見する方法。もう一つの方法は、いかに自分が無力であるかを悟り、「神様、私は存在しません。ただあなただけです」と常に言うことで神に完全に明け渡し、「私」と「私のもの」という感覚を放棄して、神の意のままに自分をゆだねることです。

帰依者が神からあれやこれを望んでいるかぎり、明け渡しはけっして完全なものになりえません。真の明け渡しとは愛ゆえに神に捧げる愛であり、ただそれだけのためにあります。解脱のためでさえありません。言葉を変えれば、真我探究の道であれ、明け渡しの道であれ、運命を克服するには自我を完全に消し去ることが必要なのです。

帰依者が「明け渡し」と呼ぶものを、真我探究をする人は「真我の知識」と呼びます。両者ともただ心を自我の湧き起こる源へと連れ戻し、そこに融け込ませようとしているのです。

ただ真我だけが存在し、「私」や「私のもの」は存在しないという知識、これが真我の知識です。それゆえ、帰依と真我の知識の間に違いはありません。帰依とは真我の知識の母なのです。

帰依とは、本来の自己を知ることに他なりません。

至高の帰依と真我の知識はその本質において一つであり、同じなのです。

完全な明け渡し

完全な明け渡しとは、自分自身を神に差し出すということです。明け渡したあとで個人性を維持することはできません。そのとき、あなたは神の意志にしたがうのです。だからこそ、沈黙はすべての達成の中でも最高位のものなのです。

神の御足元に自己を完全に明け渡すとき、自分の欠点についての不平不満も完全に消え去り、人は本来の姿となって、満ちたりた真我の平和を得ます。それこそが究極の帰依の姿です。人はこうして主のしもべとなり、「私は彼のしもべだ」という自分本位な想念さえない沈黙と静寂の内にとどまります。それこそが真我の中に永遠に在ることです。これが至高の知識です。

「私」が「私」という幻影を消し去り、しかも「私」として残る。それが真我実現のパラドックスです。賢者はそこにいかなる矛盾も見ません。帰依の場合を見てみなさい。私は神に近づき、彼の中に融合されんと祈ります。信心とともに私は彼に集中し、自らを明け渡します。あとには何が残るでしょう？　完全な明け渡しは本来の「私」の場所の中に神だけを残し、偽りの「私」は消え去るのです。これが至高の帰依、明け渡し、無欲と無執着の極みです。

どの道を行こうとも、あなたは自分自身を「一なるもの」の中に失わなければなりません。明け渡しは、あなたが「神のみぞすべてなり」「神の御心《みこころ》のままに」という境地に至って初めて完全なものとなります。それは真我の知識の境地と異なったものではありません。

「不変不滅なるもの」に帰依心を抱き、それと一つになることが至高の帰依です。この帰依なしには何も起こらないでしょう。

師は自我を永遠に棄て去り、自分自身を完全に明け渡す者だけに満足します。そのような人は誰であれ師が面倒を見ます。彼は祈る必要さえありません。求めずとも神が彼の面倒を見るのです。

神の御心にしたがう

もし明け渡したのなら、神の御心にしたがい、あなたの気に入らないことが起こったとしても不平不満なく受け入れなければなりません。今、一見そう起こっているように見えることも、のちにまったく違った結果となるかもしれません。不幸はしばしば人々を神への信仰へと導いてきたのです。

神が姿を現そうと消え去ろうと、彼の御心にしたがい、すべてを明け渡しなさい。神のはからいにまかせなさい。もしあなたの希望に沿うように神に頼むとしたら、それは明け渡しではなく命令です。神をあなたにしたがわせておきながら、自分は明け渡したと考えることはできません。神は何が最善であり、いつ、どのようにすべきかを知っています。彼にすべてを完全にまかせなさい。重荷は彼のものです。あなたはもはや何の心配もしなくていい。あなたの心配は皆、彼のものなのです。明け渡しとはそのようなものです。これが帰依です。

完全な明け渡しのためには、自分自身のいかなる欲望も持たないことが要求されます。あなたは何であれ神が与えてくれるものに満足しなければならず、それはつまり、あなた自身の欲望を持たないということを意味するのです。

明け渡しはたやすく見えます。なぜなら、ひとたび「私は明け渡します」と口に出して言えば、すべての重荷を神に背負わせ、あとは好きなことを好きなようにすることができると人々は想像するからです。しかし事実は、明け渡したあとに好き嫌いを言うことなどできないのです。あなたの意志は完全に不在となり、神の意志がその場を引き継ぐことになります。このような自我の死は、結果的に真我の知識と同じ状態をもたらします。それゆえ、いかなる道を行こうとも、あなたは「真我の知識」あるいは「至高の一者」にたどり着かなければならないのです。

神にまかせなさい。無条件に明け渡しなさい。自分の無力さを認め、「至高の力」に救いを求めるか、あるいは不幸の原因を探ってその源へ向かい、真我の中に融け去るか、二つのうちの一つが為されなければなりません。どちらの道を行こうと、あなたは不幸から解き放たれるでしょう。すべてを明け渡した者を、神はけっして見放しません。

真我に明け渡す

明け渡しとは何か？　それは自我の湧き起こる源へと融け入ることです。自我が真我に明け渡されるのです。私たちがあらゆるものを愛おしいと感じるのは、真我の愛ゆえです。自我を真我に明け渡し、「至高の力」である真我の望むがままに自らをゆだねなさい。自我はすでに真我のものです。私たちは自我に対する何の支配権も持っていません。明け渡す前でさえ持ってはいないのです。それにもかかわらず、私たちは自我を所有していると考えるため、それを明け渡さねばならないのです。

自己を明け渡すだけでじゅうぶんです。明け渡しとは自分自身を自己の存在の源に放棄することです。そのような源があなたの外側にいる神だと想像することで自分を欺いてはなりません。あなたの源はあなたの内側に在ります。つまり源を探し出し、その中に融け去るのです。

真我と愛

嘆きや悲しみは真の愛のしるしではありません。それは対象への愛、その形態のみへの愛着であることを露わにしています。それは愛ではありません。真の愛は、「愛の対象は真我の中にあり、けっして消滅することはない」という確信をもたらすのです。

誰もが自分自身を愛しています。それが皆の体験です。もし真我が最愛のものでないなら、それを愛するでしょうか？　真我あるいは神は、どこか他のところにではなく、私たちの内側にいます。そして、自分自身を愛することで、人はただ真我を愛しているのです。

帰依とはあなたの源を愛することです。全身全霊で源に最高の愛を捧げるとき、あなたはその源へと導かれてゆきます。そうなれば、あなたは「それ」を知るでしょう。真の知識を得るためには、この源を一心不乱に愛さなければなりません。至高の愛を得たとき、あなたは至高の知識をも得るのです。

「私」と「私のもの」という想念を放棄する

あなたはあれやこれといった「私の」所有物を放棄します。もしその代わりに「私」と「私のもの」という想念を放棄すれば、すべてが一太刀で放棄されます。所有の根本原因が絶たれたからです。このようにして邪悪は種のうちに砕かれ、つぼみのうちに摘み取られます。そのためには非常に強固な無執着が為されなければなりません。水中にとらえられた人が、必死で水面に上がろうと努力するに等しい真剣さと熱意が必要となるでしょう。

「私が行為者だ」という観念

きっぱりと明け渡し、欲望は棄て去りなさい。「私が行為者だ」という感覚を持ち続けているかぎり、欲望は消えないでしょう。それはまた人格でもあるのです。これが去れば純粋に輝く真我を見るでしょう。行為そのものではなく、「私は行為者だ」という感覚が束縛なのです。

現状における困難は、人が「私は行為者だ」と考えるからです。しかし、それは誤りです。すべてを為すのは「高次の力」であり、人は単なる道具にすぎないのです。もしこの見解を受け入れれば、彼は災いから解放され、さもなければ自ら災いを招くことになるでしょう。

行動とは欲望に駆り立てられたものです。欲望は自我が立ち現れたあとに起こります。自我は「高次の力」から生じ、その存在も「高次の力」に依存します。自我が「高次の力」から離れて存在することはできないのです。だとすれば、なぜ「私がする、私が行為する、私が働く」といった無駄話をするのでしょう？

仕事が真我実現の妨げとなることはありません。真我実現した賢者にとっては、真我だけが実在《リアリティ》であり、行為は真我に影響を与えることのない単なる現象にすぎないのです。たとえ行為しているときでも、彼には「私は行為者だ」という感覚がありません。行為は自然に起こり、彼はそれを執着心なく見守り続けるだけです。このような行為に目的はありません。仕事に従事している者でさえ、真我探究を修練することができます。初心者には最初は困難かもしれませんが、修練を重ねるうちにそれは効果を現し、やがて仕事が瞑想の妨げになることもなくなるでしょう。

たとえ心を真我にとどめていても、活動は続いて行くでしょう。そして、失敗することはないでしょう。「私は行為者だ」という観念を抱くべきではありません。いずれにせよ、活動は続いて行くのです。あなたがそれを何という名前で呼ぼうとも、身体を存在の中にもたらした「あの力」が、身体が体験するように定められている活動を起こしていくのです。

活動を放棄するということは、活動に対する執着心とそれによって得られる結果、そして「私は行為者だ」という観念を放棄することを意味しています。この世に身体をもたらしたすでに運命づけられている活動は、体験されなければならないでしょう。好もうと好むまいと、そのような活動を放棄することはできないからです。

「私が働いている」という感覚が妨げです。「誰が働いているのか?」と尋ねなさい。「私は誰か?」という問いを覚えていなさい。そうすれば仕事があなたを束縛することはないでしょう。仕事は自動的に為されていくでしょう。仕事をするためや仕事を放棄するために努力をしてはなりません。あなたの努力が束縛となるからです。起こるべく定められていることは、起こるでしょう。

もしあなたが仕事をしないように定められているのであれば、仕事はいくら探しても見つからないでしょう。働くように定められているのであれば、それを避けることはできません。あなたはその仕事をするように強いられるでしょう。それゆえ、「高次の力」にゆだねなさい。あなたの思いのままに放棄したり続けたりすることはできないのです。

静かに在りなさい

「静かに在りなさい。そして私は神だと知りなさい」。この言葉は、沈黙が個人という痕跡を残さない完全な明け渡しであることを意味しています。沈黙が支配したとき、心の動揺も消え去ります。心の動揺が欲望、行為者という感覚、人格の原因です。それがやんだとき、静寂があるのです。

物事が自然に起こるままに起こらせなさい。あなたの仕事は静かにしていることです。静かになりなさい。

第四章　真我として在る

真我として在ること

もし自我を否定し、それを無視することによって焼き尽くすならば、あなたは自由になるでしょう。もし自我を受け入れるならば、それはあなたに制限を押しつけ、それを超えようとする虚しいあがきの中にあなたを投げ入れるでしょう。本来の自己である真我として在ることが、永遠にあなたのものである至福を実現する唯一の方法です。

私たちは皆、実在《リアリティ》ではないものを実在だと見なしています。ただこの習慣を放棄するだけでいいのです。そうすれば、私たちは真我を真我として実現するでしょう。言い換えれば、「真我として在りなさい」ということです。あまりにも明白な真我を発見しようと努力しているあなた自身を笑うときが、いつかやって来るでしょう。

私たちが真我実現と呼ぶ状態は、ただ自分自身として「在る」ことであって、何かを知ることでも、何かになることでもありません。もし実現したなら、人は唯一存在する「それ」として在るのです。その状態を言葉で言い表すことはできません。ただ「それ」として在ることができるだけです。

人々は単純な裸の真理――彼らの日常の、常に存在する、永遠の体験の真理を理解しません。その真理とは真我の真理です。真我に気づいていない人がいるでしょうか？　彼らは真我について聞きたいとさえ思いません。その反対に、人々は何か彼方なるもの――天国や地獄、輪廻転生などについて熱心に知りたがります。なぜなら、彼らは神秘を愛しており、裸の真理を愛してはいないからです。それゆえ、宗教はただ真我の周辺に彼らを連れて来るだけのために、ほしいまま与えて甘やかします。あちらこちらをさ迷い歩いたあげく、結局は、他でもない真我に戻って来なければならないのです。ならばなぜ、「今ここ」で真我として在ろうとしないのでしょうか？

あなたは「私は在る」（I AM）と言います。それが神の力です。他の何が「私は在る」と言えると言うのでしょう？　自己の存在そのものが神の力です。「私はこれだ、私はあれだ、私はこれこれこういう者だ」と言うときに問題が起こるのです。それをやめなさい。あなた自身で在りなさい。ただそれだけです。

「あるがまま」に在りなさい

「私」が破壊されるべきです。真我とは到達されるべきものではありません。真我が存在しないときなどあるでしょうか？　それは新たに得られるものではないのです。「あるがまま」に在りなさい。新しいものは永久ではありえません。真実なるものは常に存在しているのです。

すべての中に真我を見なさい

心を完全に手放して、内側に向かいなさい。そして、内なる真我である「あなた」を見なさい。それから、「あなた」の中にある真我をすべての中に見なさい。内なる真我を見た人だけが、すべての中に真我を見ることができるのです。まず真我だけが存在すること、そして「あなた」

がその真我であることを悟りなさい。そうすれば、初めてあなたはすべてが真我の姿であることを知るでしょう。

もしあなたが、「自分には姿形《すがたかたち》があり、この身体によって限定されている。自分はこの身体の中にいて、この目を通してすべてを見ている」と考えるなら、神も世界も形を持って現れます。

もしあなたが、「自分には姿形がなく、無限で、ただ自分だけが存在する。自分は無限の目である」という真理に目覚めたなら、無限の目より他に見られるものがあるでしょうか？　その目以外に見られるべきものなどないのです。

それでもそこには見る者がいて、見られるものがあります。そして、そこには時間や空間もあります。しかし真理は、真我だけが存在し、真我は見る者と見られるもの、見ることと見られることのすべてを超えているのです。

世界が悲惨な姿で現れるのは、あなたに真我を探究させるためです。あなたの目はそれ自体を見ることができません。鏡を置いてみなさい。そうすれば、目はそれ自体を見ることができます。創造についても同じことです。

あなたは世界に対して目を閉じるようにと言われたわけではありません。まずあなた自身を見て、それから全世界を真我として見なさい。もしあなたが自分自身を身体だと考えるなら、世界は外側に現れるでしょう。もしあなたが真我として在るなら、世界はブラフマンとして現れるのです。

あなたは神から分離しているでしょうか？　自分自身を身体だと考えているかぎり、あなたは世界を外側に見ます。そして、それはあなたにとって不完全なものとして現れるでしょう。神は完全です。彼の仕事も完全です。しかし、身体との誤った自己同一化ゆえに、あなたは世界を不完全なものと見るのです。

真我は活動性の源

あなたは真我です。あなたは心ではありません。仕事は常に真我の存在の中でのみ進んでいきます。仕事が真我実現の障害となることはありません。仕事をする者が自己の本性を見誤ったために問題が生じるのです。偽りの自己同一化を棄て去りなさい。

今いる場を離れず、仕事を続けなさい。心に生気を与え、あらゆる仕事をこなすようにさせる何かが根底に流れています。それは何でしょうか？　真我です。真我こそがあなたの活動性の真の源なのです。仕事をしている間も、ただそれに気づいていなさい。それを忘れてはなりません。たとえ仕事をしている間でも、心の奥では真我に瞑想をし続けなさい。そうするためには、じゅうぶん時間を取り、急いではいけません。

仕事を続けていようとも、あなたの真の本性を生き生きと心に刻み込みなさい。そして、それを忘れないためにも、あわててはなりません。落ち着きなさい。心を静めるためにも瞑想を修練しなさい。瞑想が、仕事と「仕事を支えている真我」との真の関係に気づくようにさせるでしょう。「仕事をしているのは私だ」などと想像してはいけません。根底に流れているもの、それが仕事をしていると考えなさい。その流れと一体となりなさい。もし急がず、心を落ち着かせて働けば、仕事は妨げにならないでしょう。

誕生も死も存在しない

誰もが永遠なる真我に気づいています。私たちは多くの人たちが死んでいくのを見ます。しかし、それでも自分自身は永遠に生きると信じています。なぜなら、それが真実だからです。

意図せずに、本来の真理はそれ自体を主張するのです。意識である真我と生命意識のない身体を混同するため、人は惑わされてしまいます。この自己同一化という誤った観念が消滅しなければならないのです。

なぜ誕生や死について考える必要があるでしょう？　あなたは本当に生まれたのですか？心の生じることが誕生と呼ばれるのです。心が生じたあとで身体という想念が現れ、そして身体が見られます。それから誕生という想念、誕生以前の状態、死、死後の状態という想念が現れるのですが、これらはすべて心の領域にあるのです。いったい誰の誕生なのでしょうか？身体に関して考えるかぎり、誕生は真実です。しかし、身体は「私」ではありません。真我は生まれることも死ぬこともありません。何も新しいことなどないのです。賢者はすべてを真我として見ます。そこに多様性はありません。それゆえ、誕生も死もないのです。

心の目を閉じなさい

あなたは「世間を離れて、山奥で瞑想だけがしたい」と言います。そのような想念は、その望みを満たすための再誕生をあなたに与えるでしょう。あなたがどの場所に、どのように置かれているかということに何の意味があるでしょうか？　重要なのは、「心が常に源にとどまっていなければならない」ということです。内面にないものが外面に現れるということはありません。すべては心だからです。心が活動的であれば、たとえ隠遁していても市場にいるのと同じです。目を閉じることは何の助けにもなりません。心の目を閉じなさい。そうすれば、すべてはうまくいくでしょう。世界はあなたの外側にはないのです。心正しき人は、行為する以前に計画を立てたりはしません。なぜでしょうか？　なぜなら、私たちをこの世界に送り込んだ神には、神自身の計画があるからです。そして、その計画は必ず成就されることになるのです。

心が消え去ると世界も消え去る

世界はあなたに向かって「世界は個人の心の産物だ」とも「宇宙の心の産物だ」とも言いはしません。世界を見ているのは個人の心でしかなく、この心が消え去るとき世界も消え去ります。私たちが真我を見るとき、そこに世界はなく、真我を見失うとき、私たちは世界の中で束縛されてしまうのです。

世界は自我による創造

時間の感覚は、純粋に精神的なものです。空間も同様に精神的なものです。それゆえ、時間と空間の中に起こる人生は、想像以外の何ものでもないのです。

世界とは目覚めと夢見の状態の中で「感じられる」ものであり、また思考と知覚の対象でもあります。どちらも精神的活動です。もし目覚めや夢見という精神的活動がなければ、世界を知覚することさえないでしょう。眠りの中にそのような精神的活動はなく、対象も世界も存在しません。したがって、世界の実在性は自我が眠りから出現することで、自我によって創造されたと言えます。そして世界の実在性は、眠りの中でその本性を回復した魂によって飲み込まれ、消え去るのです。世界が現れたり消え去ったりするのは、クモが巣を作り出し、それをふたたび引き入れるのに似ています。ここで言うクモは目覚め、夢見、眠りの三つの状態の根底に在ります。人の中に宿るそのようなクモが真我（アートマン）※と呼ばれるものです。一方、世界の中に宿るクモは至高の霊性（ブラフマン）と呼ばれます。もし心が現れる究極の原因を探究し続ければ、心はアートマンあるいはブラフマンと呼ばれる「実在」の顕れでしかないことがわかるでしょう。

心を静めなさい

想念によって妨げられているため、人は真我を知らずにいます。
想念が静まれば、真我は実現されます。
心を静め、想念から自由でありなさい。
それこそがすべての人の純真無垢な永遠の状態です。

第五章　真我実現

真我実現とは

誰もが真我であり、無限なるものです。しかし、誰もが自分を身体と見なしています。何を知るにしても照らし出すものが必要となります。そのように輝き照らすものは、光の質を持っているに違いありません。しかし、その光は物理的な光と暗闇を照らしています。それゆえ、その光はこの世の現れの中の光と闇を超越しているのです。それ自体は光でも闇でもありません。それでも、光と闇の両方を照らすため、それは光と呼ばれています。それが「無限の意識」です。意識とは誰もが気づいている真我のことです。真我から離れている人など誰もいません。それゆえ、誰もが真我を実現しているのです。

それにもかかわらず、この根本的事実を知らずに、誰もが真我を実現したいと熱望しているとは何という不思議でしょう。この無知は自分を身体と見なすことにあります。実現とは、「私はまだ実現していない」という誤った観念を取り除くことにあるのです。実現とは何か新しいものを得ることではありません。それが永久的なものであるならば、すでにそこに存在しているはずです。そうでなければ、実現しようと試みる価値もないでしょう。

「私は身体だ」「私は実現していない」という偽りの観念が取り除かれたとき、至高の意識である真我だけが永遠に残ります。現在の認識においては、それが実現と呼ばれています。しかし実際は、実現は永遠なるものであり、すでに、「今ここ」にあるのです。それが真実です。それゆえ究極的には、真我実現とは無知の消滅であって、それ以上でもそれ以下でもないのです。

真我は不滅

目覚め、夢見、眠りの状態が現象であるように、誕生、成長、死も、やはり真我の中に現れる現象でしかなく、真我はそれらの影響を受けずに在り続けます。誕生と死は単なる概念でしかなく、それは身体あるいは心に属しています。真我はこの身体が誕生する以前に存在し、この身体が死んだあとも在り続けます。それは輪廻転生において次から次へと変わり続ける一連の身体についても同じことです。真我は不滅です。現象は変化し続け、死を免れることはできません。死の恐怖は身体にとってのものであって、真我にとっての真実ではありません。そのような恐怖は無知ゆえに起こるのです。実現は「真我の完全性と不滅性という真の知識」を意味しています。「死ぬべき運命」とは単なる概念であり、不幸の原因です。真我の不滅性を悟ることで、あなたはそれを克服するのです。

真我実現などない

真我実現などというものはありません。いったいどうやって実在《リアリティ》であるものを実現する、あるいは実在にすると言うのでしょうか？　人々は皆、実在ではないものを実在と見なしています。あなたがしなければならないのは、それを手放すことです。それさえすれば、あなたは常に「あるがまま」のあなたとしてとどまるでしょう。そうすれば実在は実在のままとどまります。実在ではないものを実在と見なすことを放棄させるために、宗教や修練は生み出され、教えられてきたのです。

実現することなど何もありません。それは永遠、純粋、気づき、解放です。それは自然で永遠のものです。新たに得るものなど何もなく、ただその反対に、無知を棄て去らなければならないだけです。

真我実現は至福

自我の完全性はある時点で突然崩れ去り、何かを得よう、何かをしようという欲望が湧き起こります。それを満たして欲望という渇きが癒されたとき、自我は幸福になり、本来の完全性が回復されます。それゆえ、幸福とは私たちの本来の状態、本性なのです。

しかし、快楽と苦痛は欲望の充足の度合いにしたがった相対的なもので、私たちの限定された状態に起因しています。もし相対的な欲望を満たす追求をやめ、完全な平和がその本性であるブラフマンに魂が融け去れば、それは相対的で一時的な快楽を離れて、完全な平和である至福を楽しむことでしょう。だからこそ、真我実現は至福なのです。

快いものを見るとき、そこには幸福があります。それは自己本来の幸福です。その幸福はあなたと異なったものでもなければ、あとになって得られるものでもありません。喜びで満たされているとき、あなたは純粋な真我の中に沈み込んでいます。そして、その状態が自己に本来備わった至福を顕わにするのです。しかし、この至福が何か他の物事や出来事によって起こったという考えを起こすとき、問題が生じます。実際、至福はあなたの内にあります。心《マインド》が満たされているとき、無意識ながらもあなたは真我の内に潜り込んでいるのです。もしあなたが意識的にそうするなら、それが真我実現です。私はあなたが真我であるハートの内に、意識的に潜り込むことを願っているのです。

実現は永遠の境地

真我は常に実現されています。もし実現がのちに獲得されるようなものなら、やがては失われてしまうでしょう。それゆえ、そのような実現は一時的な儚いものです。一時的な至福はのちに苦痛をもたらすため、それは永遠の解放ではありえません。もしあとになって実現するというなら、現在のあなたは実現していないということです。たとえ一時的な実現が起こったとしても、現在の実現されていない状態が、将来ふたたび起こらないともかぎりません。なぜなら、時間は無限だからです。それゆえ、そのような実現は一時的な儚いものだということです。

しかし、それは真実ではありません。実現を一時的なものと見なすのは誤りです。それは変化することのない永遠の境地なのです。

他者は存在しない

真我実現すれば、それは可能なかぎり他者への最高の助けとなります。しかし、そこに助けられるべき他者は存在しません。なぜなら、金細工師がさまざまな宝飾品の中の金を見積もるとき、ただ金だけを見ているように、真我実現した人はただ真我だけを見ているからです。自己を身体と同一視するときにのみ、名前と形は存在します。しかし、あなたが身体を超越したとき、身体意識とともに「他者」も消え去ります。真我実現した賢者は、世界を彼自身として見ているのです。

真我実現した人

真我の知識は一意専心の帰依だと言われています。真我実現した人はその究極です。なぜなら彼は真我となり、もはやこれ以上何もすることはないからです。彼は完全で、まったく恐れのなくなった人です。

真我実現した人は、誰のことも無知な人として見ていません。彼にとっては誰もが真我実現しています。無知な人は自分の無知を真我実現した人に押し重ね、彼を行為者と見誤るのです。真我実現した人は真我の知識の境地から、真我から分離して存在するものは何もないと見ています。それゆえ、彼の視野の中に無知は存在しないのです。

真我実現した人は、真我の「意識－至福」という忘我の境地に融け入って心が死んでしまったため、彼の身体的活動に気づかぬままでいます。

真我実現した人の心はすでに消滅したため、二度と誕生と死の原因を起こすことはありません。彼にとって、幻想の連鎖は永遠に断ち切られたのです。

ブラフマンとは真我実現した人の心に他なりません。その土壌でヴァーサナーが実を結ぶことはありえません。彼の心はヴァーサナーから解放された不毛の土地なのです。

真我の知識を得ないかぎり、真我実現した人の境地を理解することはできません。通常の知性で真我実現した人の行動を理解することは不可能です。彼らを理解するには、真我実現した人にならなければならないのです。

真我として在りなさい

真我以外のすべてについて知ったところで何の役に立つと言うのでしょう？　真我が知られれば、他のすべても知られるのです。

だからこそ、真我実現は人間にとって最も重要な、唯一の義務なのです。


ひとたび生まれたなら、あなたは何かに到達します。そして、それを達成したらふたたび戻って来るのです。それゆえ、そのような無駄なことはすべてやめなさい。

あるがままに在りなさい。

あなたが誰なのかを知りなさい。

生まれ、死に、生まれ変わることから自由になりなさい。

そして、真我として在りなさい。

特別収録

私は誰か？

私は誰か？

生きとし生けるものは、いつでも幸福であることを願い、不幸でないことを願っています。誰にとっても、そこには自分自身への至上の愛が見られます。そして、幸福だけがその愛の源なのです。それゆえ、人間の本性である幸福、想念のない深い眠りの中で体験される幸福を手に入れるために、人は自分自身を知らなければなりません。そのためには、「私は誰か？」という問いで探究する知識の道が最も重要な方法です。

1　私とは誰でしょうか？

七つの要素[*1]から成る粗大な身体、それは私ではありません。五つの感覚器官、聴覚、触覚、視覚、味覚、臭覚は、それぞれの対象である音、感触、色、味、匂いをとらえますが、私はそれらではありません。五つの能動的な器官である言語器官、運動器官、認識器官、排泄器官、生殖器官は、それぞれ話すこと、動くこと、理解すること、排泄すること、楽しむことという働きをしますが、私はそれらではありません。五つの生気、[*2]すなわちプラーナなどは、吸気などの五つの働きをしますが、それは私ではありません。物事を考える心でさえ、私ではありません。対象物の印象だけが刻みこまれた無知も、対象物も働きもない無知も、私ではありません。

＊1　**七つの要素**：栄養液、血液、肉、脂肪、骨、髄、精子。

＊2　**五つの生気**（パンチャ・プラーナ）：身体で働いている五つのプラーナ（気）。アパーナ＝下降する気。プラーナ＝上昇する気。サマーナ＝食べ物をアパーナに運ぶ気（消化）。ヴィヤーナ＝プラーナとアパーナをとらえる気。ウダーナ＝食べ物や飲み物を上下に運ぶ気。

2　もし私がこれらのものでないなら、私は誰でしょうか？

今述べたことすべてを「これではない」、「これではない」と否定していったあとに、ただ一つ残る覚醒――それが私です。

3　覚醒の本性は何でしょうか？

覚醒の本性は、「存在―意識―至福」です。

4　真我の実現はいつ得られるのでしょうか？

「見られるもの」である世界が取り除かれたとき、「見る者」である真我は実現されます。

5　世界が（実在《リアリティ》として）存在しているときでさえ、真我が実現されるということはないのでしょうか？

ないでしょう。

6　なぜでしょうか？

見る者と見られている対象は、ロープと蛇のようなものです。錯覚である蛇という知識がなくならないかぎり、実体であるロープという知識は得られません。同じように、世界が実在であるという確信がなくならないかぎり、実在である真我が実現されることはないのです。

7　対象として見られている世界は、いつ消え去るのでしょうか？

すべての認識作用とすべての行為を引き起こす原因である心が静かになったときに、世界は消え去るでしょう。

8　心の本性とは何でしょうか？

「心」と呼ばれているものは、真我に内在する驚くべき力です。心はすべての想念を起こさせる源です。想念を離れて心のようなものは存在しません。それゆえ、想念が心の本性なのです。想念を離れて、世界と呼ばれる独立した実体があるわけではありません。深い眠りの中に想念はなく、世界もありません。クモが自分の中から糸を出し、それをまた自分の中に引き入れるのと同じように、心はそれ自身から世界を投影し、ふたたびそれ自身の中へ還元させます。真我の中から心が外に出るとき、世界が現れます。それゆえ、世界が（実在として）現れているとき、真我は現れず、真我が輝いて現れるとき、世界は現れないのです。

人が絶え間なく心の本性を探究し続けるならば、心は真我をあとに残して死滅するでしょう。心は常に何か粗大なものに依存することによってのみ存在します。それは一人であることができません。「真我」と呼ばれているものがアートマンであり、微細身あるいはジーヴァと呼ばれているものが心です。

9　心の本性を理解する探究の道とは何でしょうか？

身体の中に「私」として立ち現れるものが心です。もし身体の中のどこに「私」という想念が最初に現れるかと探究するなら、それはハートの中に現れることが発見されるでしょう。そこが心の起源となる場所です。絶えず「私」、「私」と想い続けると、人はその場所に導かれていきます。心の中に現れるすべての想念の中で、最初に現れるのは「私」という想念です。この想念が現れたあとで、初めて他の想念は現れます。二人称や三人称の人称代名詞は、一人称が現れたあとに現れるため、一人称がなければ二人称、三人称も存在しないのです。

10　どうすれば心は静かになるのでしょうか？

「私は誰か？」と尋ねることによってです。「私は誰か？」という想念は、他のすべての想念を破壊します。そして、燃えている薪《たきぎ》の山をかき混ぜる木の棒のように、ついには「私は誰か？」という想念そのものも滅ぼされてしまうのです。真我はそのとき実現されるでしょう。

11「私は誰か？」という想念を絶えず心に保つにはどうすればよいでしょうか？

他の想念が起こっても、それを追いかけることをやめ、「この想念は誰に起こったのか？」と尋ねるべきです。どんなに多くの想念が起ころうとかまいません。想念が起こるたびに、「この想念は誰に起こってきたのか？」と入念に探究すべきです。それに対して現れる答えは「私に」でしょう。そこで、すぐに「私は誰か？」と探究すれば、心は源に引き戻され、起こった想念は静まるでしょう。このように修練を繰り返せば、心は源にとどまることに熟達するようになります。微細な心が脳や感覚器官を通って外に出ると、粗大な名前や形が現れます。心がハートの中にとどまっていれば、名前と形は消え去ります。心を外に出さずにハートの中にとどめておくことは、「内に在ること」と呼ばれます。心をハートから外へ出させることは、「外へ向かうこと」として知られています。このように、心がハートの中にとどまっているとき、すべての想念の源である「私」は消え去り、永遠に存在する真我が輝き出すのです。人は何をするときにも、「私」という自我性なしにそれをすべきです。もしそのように行動すれば、すべてはシヴァ神の本性として現れるでしょう。

12　心を静かにする他の方法はないのでしょうか？

探究以外に適切な方法はありません。他の方法で心を静めても、心は制御されたように見えるだけで、ふたたび勢いを増して現れるでしょう。呼吸の制御によっても心は静められますが、それは呼吸が制御されている間だけのことであり、呼吸がもとに戻れば心もまた活動を始め、潜在する印象に駆り立てられてさ迷い出すでしょう。心も呼吸も、その源は同じです。想念とは、実は心の本性です。「私」という想念が心の最初の想念であり、それが自我性です。自我が生まれ出る同じ場所から呼吸も生まれます。そのため、心が静かになれば呼吸も制御され、呼吸が制御されれば心も静かになるのです。けれども深い眠りの中では、心は静かでありながら、呼吸は止まっていません。これは、身体が維持されるように、そして死んでしまったと他の人々が思わないようにとの神の意志によるものです。目覚めの状態とサマーディにおいては、心が静まっていれば呼吸は制御されています。呼吸は心の粗大な姿です。死のときまでは、心は身体の中に呼吸を保っています。身体が死ぬと、心は呼吸とともに出て行きます。それゆえ、呼吸を制御する修練は心を静める助けにすぎず、心の消滅をもたらすことはないのです。

呼吸を制御する修練と同じように、神の姿に瞑想することや、マントラの復唱、断食などの修練も、心を静める助けにすぎません。

神の姿に瞑想することや、マントラの復唱を通して、心は一点に集中されます。それでも、心は常にさ迷い続けるでしょう。鼻を鎖でつながれた象が、他の何もつかまえられないように、心も神の御名や姿に満たされていれば、他の対象をとらえることはないでしょう。心が無数の想念へと拡散しているとき、その一つひとつの想念は弱いものとなります。しかし、想念が決意を固めて一点に集中すれば、強いものとなるのです。そのような心にとって、真我を探究することは容易になります。すべての規則制限の中でも、適度な量の清らかな食事を取るという方法が最上のものです。これを守ることによって、心の清らかさは増し、真我探究の助けとなるでしょう。

13　心に残った物事の印象が、海の波のように際限なく現れてきます。いつになったらそれらすべてがぬぐい去られるのでしょうか？

真我への瞑想が高まれば高まるほど、そのような想念は破壊されるでしょう。

14　数知れない過去世から蓄積されてきた、心に刻まれた物事の印象が取り除かれ、純粋な真我としてとどまることは可能でしょうか？

可能か、可能でないかという疑問に屈することなく、真我への瞑想を続けるべきです。たとえ人が大罪人であるとしても、「ああ、私は罪人だ。どうすれば救われるだろう？」と思い悩み、嘆き悲しむべきではありません。「私は罪人だ」という想念を完全に棄て去り、真我への瞑想に強烈に集中するべきです。そうすれば、確実にうまくいくでしょう。一つは善く、もう一つは悪いという二つの心があるのではありません。心はただ一つです。幸運と不運の二種類があるのは、心ではなく、心に刻まれる印象です。心が幸運な印象の影響を受けたとき、それは善と呼ばれ、不運な印象の影響を受けたとき、それは悪と見なされるのです。

心は世間の物事や他の人々に関することへとさ迷い出ぬよう、戒められなければなりません。他の人がどれほど悪くとも、彼に対して憎しみを抱かぬようにしなければなりません。欲望と憎しみは、どちらも避けなければなりません。人が他の人々に与えるすべては、実は自分自身に与えているのです。もしこの真理が理解されるなら、人々に施しをせずにいられるでしょうか。自己が現れると、すべてが立ち現れ、自己が静まればすべては静まります。謙遜を忘れないならば、それに応じて良い結果が現れるでしょう。心が静寂に帰すれば、人はどこででも生きていくことができるのです。

15　探究はどのくらいの期間修練されるべきでしょうか？

心の中に物事の印象があるかぎり、「私は誰か？」と尋ねなければなりません。想念が起こったなら、そのとき、その起こったまさにその場で問うことによって破壊されるべきです。もし真我に到達されるまで、不断に真我への黙想に打ち込めば、それだけで想念は消滅するでしょう。要塞の中に敵がいるかぎり、敵は反撃を続けるでしょう。もし敵が姿を現すたびに滅ぼしていけば、要塞は私たちの手中に落ちるでしょう。

16　真我の本性とは何でしょうか？

真実、存在するのは真我だけです。世界、個我、神は真珠貝の中の銀色の輝きのように、真我の内に現れるものです。これら三つは同時に現れ、同時に消え去ります。

「私」という想念が絶対にないところ、それが真我です。それは沈黙と呼ばれます。真我そのものが世界であり、真我そのものが「私」であり、真我そのものが神です。すべてはシヴァ、真我なのです。

17　すべては神のなせるわざではないのでしょうか？

欲望も決意も努力もなしに太陽は昇ります。太陽がただそこに存在するだけで、日長石は火を発し、蓮の花は開き、水は蒸発していきます。磁力が存在することによって磁石の針が動くように、人々が三つの宇宙的機能[*3]や五つの神聖な活動[*4]に支配され、それぞれのカルマにしたがって行為し、そして休息するのは、ただ神が存在するという美徳によるものです。神は何の意志も持たず、いかなるカルマも彼に属しません。それは、世間の行為が太陽に影響を与えず、すべてに遍在するエーテルが他の四元素の長所や短所に影響されないのと同じです。

＊3　**三つの宇宙的機能**：創造、維持、破壊。
＊4　**五つの神聖な活動**：パンチャ・ヤジニャと呼ばれるヒンドゥー教徒の義務。『ヴェーダ』の学習、祖霊への食物の供養、ホーマ（護摩）の献火、すべての生き物への食物の供養、人間への供養。

18　帰依者の中で最もすぐれているのはどのような人でしょうか？

神である真我に自分自身をゆだねきった人が、最もすぐれた帰依者です。自分自身を神にゆだねるとは、真我という想念以外のいかなる想念も起こることを許さず、ひたすら真我の内にとどまっていることです。

どんな重荷を負わされようと、神はそれに耐えます。神の至高の力がすべての物事を動かしているというのに、なぜその力に身をまかせず、何をどうすべきか、どうすべきではないかと思い悩むのでしょうか？　私たちは列車がすべての荷物を運んでくれることを知っています。列車に乗ってまでも、自分の小さな荷物を頭に乗せて苦労する必要がどこにあるでしょう。荷物をおろして安心しなさい。

19　無執着とはどういうことでしょうか？

想念が起こるとともに、その起こったまさにその場で、あますところなく完全に消滅させること、それが無執着です。真珠採りが自分の腰に石をくくりつけて潜り、海底に沈む真珠を採るように、誰もが無執着とともに自己の内に深く潜り、真我という真珠を手に入れなければなりません。

20　神やグルは、魂の解脱をもたらすことはできないのでしょうか？

神やグルは解放への道を示すだけです。神やグルが人を解脱の状態に連れていくわけではないのです。実際は、神とグルは異なるものではありません。トラの顎にくわえられた獲物に逃れるすべがないように、グルの慈悲深い眼差《まなざ》しにとらえられた者は、グルによって救われ、見棄てられることはないでしょう。けれども一人ひとりは、神あるいはグルによって示された道を自分自身の努力で究め、解脱に達しなければなりません。人はただ自分の知識の目によってのみ、自分自身を知ることができるのです。ラーマ神がラーマ神であることを知るために、鏡の助けが必要でしょうか？

21　解脱を熱望する者にとって、意識の構成要素の本質を探究する必要があるでしょうか？

ゴミを捨てたいと思っている人にとって、その中身を分析したり、それが何であるかを調べたりする必要がないように、真我を知ろうとする人にとっても、意識の性質を調べたり、その構成要素を分類して数えたりする必要はありません。彼がすべきことは、真我を覆い隠している構成要素すべてを払いのけることです。世界は一つの夢のようなものと見なされなければなりません。

22　目覚めと夢見の間に違いはないのでしょうか？

目覚めている間は長く、夢を見ている間は短い。これより他に何の違いもありません。目覚めの間に起こることが真実に見えるように、夢の中で起こることも夢の中では真実に見えます。夢の中では心はもう一つの身体を取っています。目覚めの状態でも、夢見の状態でも、想念や名前と形は同時に現れるのです。

23 解脱を願う者にとって、本を読むことにはどんな価値があるのでしょうか?

すべての聖典は、解脱を得るためには心を静かに保たなければならないと述べています。それゆえ、「心を静かに保ちなさい」ということが、聖典の最終的な教えです。ひとたびこれが理解されたなら、際限なく本を読む必要はありません。心を静めるには、人はただ自分自身の内に、「私は誰か?」と問い続けるべきです。この探究がどうして書物の中でできるでしょうか?人は自分自身の智慧の目で、自分の真我を知るべきです。真我は五つの鞘[*5]の内にありますが、書物はその外にあります。真我は五つの鞘を棄て去っていくことで探究されるべきものであるため、それを書物の中に求めるのは無駄なことです。いずれ学んだことをすべて、忘れ去らなくてはならないときが来るでしょう。

＊5　五つの鞘（パンチャ・コーシャ）：真我を覆い隠す五つの身体の鞘。アンナーマヤ・コーシャ＝身体の鞘。プラーナマヤ・コーシャ＝生気の鞘。マノーマヤ・コーシャ＝心の鞘。ヴィジニャーナマヤ・コーシャ＝知性の鞘。アーナンダマヤ・コーシャ＝至福の鞘。

24　幸福とは何でしょうか？

幸福とは真我の本性そのものです。幸福と真我は別のものではありません。世界のいかなる物事の中にも幸福はないのです。私たちは無知ゆえに、物事を得ることで幸福になれるものだと思っています。心が外へ出て行くと、不幸を体験します。心の願いが満たされたとき、実は、心は自己本来の場所に戻っており、真我である幸福を楽しむのです。同じように、眠りの状態、サマーディ、失神状態、あるいは得たいと願っていたものが得られたり、嫌っていたものが消え去ったりしたときには、心は内面に向かい、純粋な「真我—幸福」を楽しみます。このように心は休むことなく動きまわり、真我からさ迷い出ては、また戻って来るということを繰り返しています。木陰は気持ち良いのに、外では太陽が焼けつくようです。灼熱の太陽の中を歩いて来た人が木陰にたどり着けば涼しいと感じます。木陰からわざわざ出て猛暑の中を行き、それからまた木陰に戻って来るのは愚かなことです。賢い人はずっと木陰にとどまっているでしょう。同じように、真理を知る人の心がブラフマンを離れることはありません。その反対に、無知な人の心は悲惨を味わいながら世界をさ迷い歩き、束の間の幸福を味わうためにブラフマンに戻って来ます。実際には、世界と呼ばれているものはただの想念にすぎません。世界が消え去ったとき、つまり想念が存在しないとき、心は幸福を体験し、世界が現れると、不幸を味わうのです。

25　洞察力とは何でしょうか？

静寂にあることが洞察力と呼ばれます。静寂にあるということは、心を真我の中に帰り着かせることです。過去、現在、未来の出来事を知るテレパシーや千里眼は洞察力ではないのです。

26　無欲と智慧にはどんな関係があるのでしょうか？

無欲が智慧です。二つは別のものではありません。それらは同じなのです。無欲とは、心がいかなる対象物に向かうことも差し控えることです。智慧とは、何の対象物も現れないことを意味しています。言い換えれば、真我以外の何ものも求めないことが無執着あるいは無欲であり、真我をけっして離れないことが智慧です。

27　探究と瞑想の違いは何でしょうか？

探究とは真我の中に心をとどめておくことであり、瞑想とは自己をブラフマン、つまり「存在—意識—至福」であると思いなすことです。

28　解脱とは何でしょうか？

束縛されている自己の本性を探究すること、その真の本性を悟ることが解脱です。

用語解説

アートマン：真我。個の魂。真の自己。本来の自己。純粋意識。観照意識。アートマンは語根。アートマーは第一人称単数。

ヴァーサナー：過去および過去世の体験で心に刻まれた印象（サンスカーラ）によって、今世における特定の状況で引き起こされる思考と行動パターンの反応を意味する。心の潜在的傾向、精神的条件付け、性癖などと訳され、仏教では習気《じっけ》または熏習《くんじゅう》などと呼ばれる。例えば、過去または過去世において、高所から落ちたときの体験の印象がサンスカーラとなる。そしてそれが原因で、今世で高所に来たときに恐怖を感じて避けようとする思考や行動パターンの反応が無意識のうちに起こる。それがヴァーサナーである。

サハジャ・サマーディ：自然なサマーディの境地。努力を要さず自然に真我として在り続ける境地。自我を完全に消し去ったジニャーニの状態。サハジャの境地にある賢者は、普通の人々のように世界の中で自然に機能することができる。彼は自分が真我であることを知っているため、彼自身と他の人々との間にも、彼自身と世界との間にも違いを見ない。この境地に達した人にとっては、すべてが真我の現れとなる。

サンスカーラ：過去および過去世の体験で心に深く刻まれた成功や失敗、獲得や喪失、創造や破壊、愛や憎しみなどの印象、あるいは習得した技術、知識、感性、経験などの蓄積によって形成された精神的傾向を意味する。潜在意識のレベルにあり、今世における性格や気質の根源、人格形成の基盤となる。サンスカーラを生み出す根本要因は、身心との自己同一化にある。

ジーヴァ：個人。個我。

トゥリーヤ：目覚め、夢見、眠りの根底にある「第四」の状態。

プラーナーヤーマ：調息。呼吸制御。

ブラフマン：真我。至高の意識。至高の霊性。至高の存在。至高の一者。

アドヴァイタ・ヴェーダーンタの伝統的な四段階の修練

1「**真理を聞くこと**」（**シュラヴァナ**）：無知を取り除くために、知識が完全なものになるまで真理を何度も繰り返し聞くこと。

2「**真理に黙想すること**」（**マナナ**）：疑いを取り除くために、完全に疑問がなくなるまで師から聞いた真理について熟考すること。

3「**精神を真理に集中させること**」（**ニディディアーサナ**）：真我と非真我（身体、感覚、心、知性）との誤った自己同一化を取り除くため、心を真理に集中させ、真我の内に安住すること。真我探究。

4「**三昧**」（**サマーディ**）：右記の三つの修練を経ることによって、精神作用が止まり、主客の区別が消え、身体意識がなくなること。サマーディには段階があり、宗派によってその描写は異なる。

あとがき

本書は、ラマナ・マハルシの教えを記録した主要な二冊の本『ラマナ・マハルシとの対話』と『Day by Day with Bhagavan（未邦訳）』からの抜粋文を典拠に「真我」をテーマとして編集し、巻末に『私は誰か？』を加えたものである。

カルマ、輪廻転生、自由意志と運命、超自然能力などという真理の本質から逸れた周辺の題目には触れず、彼の教えの精髄のみに光を当て、「真我」「真我探究」「明け渡し」「真我として在る」「真我実現」についての核心だけを厳選して、彼自身の言葉で浮き彫りにした。

巻末に収録した『私は誰か？』は、一九〇二年、バガヴァーンが二十二歳のときに、ヴィルーパークシャ洞窟を訪れたシヴァプラカーシャム・ピッライ氏の霊的質問に答えた最も初期の教えの記録である。教えの精髄を理解するには、この小冊子を読むだけでじゅうぶんであると彼自身が帰依者たちに勧めている。

バガヴァーンが彼の目の前に座る人の質問に応じるとき、彼はただ質問者を映し出す鏡としてそこに在るだけで、彼に一般的な決められた教えというものはない。その沈黙の臨在から湧き起こる答えは、質問者自身の姿を映し出し、質問者が自らを振り返って自分自身を見ることへと導く。それゆえ、その答えは自然と質問者自身の霊的な状態と理解の深さに応じたものとなる。

一九二〇年代、バガヴァーンは自己を身体と同一視している質問者に対して「霊的ハートは胸の中心より指二本分右側に位置します」という答えを与えている。しかし後年、彼は「霊的ハートは胸の右側に直感的に感じられるものですが、同時に、ハートは身体の中の特定の位置に限定されるものではなく、それは時空を超え、すべてに遍在する純粋意識なのです」と説いている。

そのように、たとえ質問が同じであったとしても、初心者に対しては理解しやすい表現で答え、霊的境地が進み理解が深まった質問者には、そのつかんでいる概念を手放させるような答えを与える場合もあった。それゆえ、本書の中に見られるバガヴァーンの教えの言葉には、このような背景があるということを理解した上でお読みいただきたい。

本書の出版においては以下の方々からご支援を受けた。

本書の典拠として『Day by Day with Bhagavan』等からの引用許可を快諾してくださったシュリー・ラマナアシュラマムの新プレジデントDr. Venkat S. Ramanan氏、本書の制作を私に要請され、全託してくださった小川敦子さん、原稿に目を通され、有益な提言をしてくださった石塚裕利さん、近藤益子さん、佐藤宗一さん、當 秀子さん、I am that I amという言葉のヘブライ語における真義を解説してくださったイスラエル人翻訳家のShahar Levさん。そして、卓越した校正およびDTP作業をされた編集の川満秀成さん、秀逸な装丁デザインをされた中村吉則さん、最後にナチュラル・スピリット社の今井社長。バガヴァーンの恩寵によって、これらの方々の誠実なお力添えを受け、本書は出版へと導かれた。ここに深く感謝の意を表したい。

アルナーチャラにて　　福間　巖

■ 編集・翻訳

福間　巖（Iwao Hukuma）

1960年、萩市にて誕生。1979年、インド仏跡巡拝の旅にてブッダガヤの仏教寺院に半年滞在した折、ラマナ・マハルシの教えに出会い帰依する。インドの聖地に長年暮らし、ラマナ・マハルシの恩寵によって真我実現したアンナーマライ・スワミ、ラクシュマナ・スワミ、プンジャジ他多くの聖賢に出会う。聖山アルナーチャラの麓に在住。訳書に『ラマナ・マハルシとの対話』全3巻他。

シュリー・ラマナアシュラマム

ティルヴァンナーマライ　606603 タミル・ナードゥ州　インド

SRI RAMANASRAMAM

TIRUVANNAMALAI 606603 TAMIL NADU, INDIA

Email：ashram@sriramanamaharshi.org

Website：http://www.sriramanamaharshi.org

真我

●

2023 年 7 月 31 日　初版発行
2024 年 12 月 20 日　第 2 刷発行

著／ラマナ・マハルシ
編・訳／福間 巖

装幀／中村吉則
編集・DTP ／川満秀成

発行者／今井博揮
発行所／株式会社 ナチュラルスピリット
〒101-0051 東京都千代田区神田神保町 3-2 高橋ビル 2 階
TEL 03-6450-5938　FAX 03-6450-5978
info@naturalspirit.co.jp
https://www.naturalspirit.co.jp/

印刷所／シナノ印刷株式会社

ISBN978-4-86451-444-6 C0010